怡然自得

愛情是兩顆在相同頻率跳動的心，
像兩隻魚在湛藍的海洋裡相遇，
享受翻騰之後帶來的悠遊歡愉。

林東璟 著

序
不經意的感動

　　東璟的文字，有一種理性兼感性，像白開水一樣，看似平淡，卻很精采的感動。

　　認識東璟於新聞台上，一開始以為他是記者之類的那號人物。不論是寫人或寫情，談政治或電影，評觀點或書籍，他的文章跟筆法，總是亦虛亦實的寫出不造作的情境。

　　「怡然自得」裡收錄了東璟幾年來的散文創作，有些以曖昧的筆法，寫出像廣告般的橋段；有些以清新的手法，流露出文藝般的溫暖。希望你閱讀了之後，也發現了他文中，像悠悠春光一樣，那不經意的怡然自得與感動。

2004/05/20　6:23pm
櫻花雪

櫻花雪個人新聞台
http://mypaper.pchome.com.tw/news.php/candysakur

序
夏夜晚風

　　某個心頭狂風驟雨遠勝過外頭微風徐徐的子夜，我騎著車在高雄街上遊蕩。手機裡出現了一通來自東璟的未接電話。

　　依慣例，我的右手接管了車子的把手與煞車，左手按了回撥鍵。

　　「我想要請你幫一個忙。」夏夜晚風中，東璟以他一貫C大調平靜的聲音說。

　　「我要出書了，想請你寫序。」他聲音裡透出陽光的能量，音質比往常有力量。

　　「為什麼？」我問。子夜的微風很舒服，心裡的狂風稍稍停歇。

　　「因為，你是我文章中某些人物的原型。」他說。噗，這種說法令人啞然失笑，但……這就是東璟！常用再簡單平靜不過的口吻，敘述著令人不安的赤裸真實。

　　好了，言歸正傳。我要寫序。

　　我所認識的東璟是個正直的人，還有能寫出一手精湛報導文學的好文筆。其實，認識一位兼具此兩項特長的朋友未必是件好事，因為，一個不小心，就會在某天發現你們出遊或談話的點滴，被他化做電腦螢幕上跳動的文字音符。

　　東璟很愛寫他的朋友們，字裡行間處處是他對朋友的觀察與用心。他的朋友包括現實生活中的友人、他喜愛的著作與影片、他暗戀愛慕的人與我們這些同他吃喝玩樂的朋友。怪的是，東璟很會寫，寫得很直率，可一旦面對面相處，他有時又靦靦地令人覺得他真是害羞。我把這種現象稱做「悶燒」，並且可以進一步大膽假設：寫作或許是他退燒的良

藥。於是，也不介意隨他去寫，況且愛看他寫東西的人還挺
多。

此外，閱讀東璟與他的文字可以讓你見識一個人的多
面。他可以寫出千迴百轉的情愫流動，也可以用溫和婉轉的
語調敘述城市光廊或澎湖的風景；就像是當我以為他單純一如
小男孩時，卻意外聽說他的首頁被瀏覽過的色情網頁綁架。

可見，透過文字來認識一個人是危險的；因為一個不可
預期的人，只會寫出不可預期的文字。

就像是我認為東璟的文集該是有力道的，而他卻把書名
取成「怡然自得」這麼舒服的名字……最好他真的有那麼怡
然自得！

而且，他最好繼續這麼怡然自得下去。

光點

至2004年5月21日，是「艾普雷索·堤」個人新聞台台長
http://mypaper.pchome.com.tw/news/sanby86

自序
心跳的地方

　　作家郭強生在他的日記體新書《2003／郭強生》當中提到，他曾經疑惑為什麼爾雅出版社會邀請他來寫這樣的書？畢竟，「你跟邀稿編輯們都只是電話聯絡，走在街上都不會認得彼此。」然而，他還是想到了一個自圓其說的詮釋：「我們都不知道自己的生活其實十分豐富，對方這樣告訴你。一年之後你再看這本日記，你會發現生命中還是有很多值得感謝的東西。」

　　是的，「我們都不知道自己的生活其實十分豐富。」一直要到提筆（打開電腦？）寫作之後才發現，原來我們的心思曾經如此活躍，那一股股的潮思迫使著我們記錄些什麼，也許是行走過的土地，也許是心中被劃開的一道裂縫，也許是對發生在這個大社會共同體的關心和議論。

　　這本書主要集結了我從2001年到2003年之間，關於感情、生活和社會文化方面的文章。部分文章曾經在《南方電子報》或平面媒體發表過，如今加以集結，算是一次對自己生命躍動的紀念。

　　我一直相信，「只有心跳的地方，才是故鄉。」有些地方離我們很遠，卻讓我持續保持新聞注意力，例如以色列，那是我碩士論文所研究的國家；有些地方離我們很近，卻不常去，例如澎湖，那是我服「不願役」的地方，每當豔陽高照，白色刺眼的光芒逼視眼前時，我總會想起澎湖的風、鹹鹹的海、酷熱的空氣，心頭有些東西就這樣被勾了起來，我知道我的故鄉在何方。

「一年之後你再看這本日記，你會發現生命中還是有很多值得感謝的東西。」整理文章的過程中，我也讓過往的文字之河再度流過心頭，它們溫溫地滋潤著我，滑過，卻不駐留。有些類別的文章我先割捨了，包括2004年的散文、短篇故事、戲劇電影和書籍的觀後感，以及政治時事方面的議題，或許等下次集結出書時再放進來吧！

目次

CONTENTS

貳　心遠地自偏

參　結廬在人境

壹　幽曲訴衷情

不是不愛，是不合

度過剛失戀的痛苦與流淚期之後，接下來就會有想復和的衝動，在失意時、遇到挫折時，會希望她在身旁，希望她能傾聽我的苦、我的愁，只是此情可待成追憶，雖然有通電話，但已無甜言蜜語、無法撒嬌，只能像個朋友般，認真地交談，所有的苦痛，都要自己去面對。

甚至，騎車經過熟悉的街道，往昔共遊的情景就會浮現上來，如今卻是孤單一人，獨自地路過，心裡會有一點點傷心、一點點難過，想快速通過此地，以免淚不可抑。

我在二月九日自由時報副刊讀到這樣的句子：「他住在南京東路尾，我的公司在南京東路中間那段，相愛時，我有他家的鑰匙，分手時，鑰匙沒有還他。……

有時候因為熬不下失戀的傷心，決定算了，就回他身邊吧，有這種衝動時，我忍不住快步的走在南京東路上，可是，南京東路這段有點長又不太遠的距離，走著走著總會讓我重新清醒一下，不是不愛，是不合，問題總會再回來的，於是，我從走到一半的南京東路折回去。

要分手，絕不回頭、不管他說什麼、好理智、好堅決，但是，只有我的南京東路知道，我在南京東路上來回走了多少次。」作者劉如玲，篇名是〈嗨！那個走在路上的女孩〉。

「不是不愛，是不合，問題總會再回來的。」事過境遷，當初分手的理由還在嗎？當然還在。於是，雖然相愛，卻無法再繼續，畢竟，「不合」才是活生生要面對的現實問題。工作有著落嗎？人生有目標嗎？找得到一份穩定的工作嗎？還是一樣渾渾噩噩過日子嗎？

　　時間會沖淡一切，我還是會去逛誠品書店、買彩券……
只是一個人吃臭豆腐、刷刷鍋、IKEA、一切的一切。

2002/2/12

涮涮鍋之電眼妹妹

以前我跟女友都喜歡吃涮涮鍋，還沒分手的時候，我們平均一個禮拜會吃一次，通常是晚餐，台北市的東區，還有台北縣南區等地的火鍋店都有我們的足跡。

有一次，我們去松山火車站附近的涮涮鍋店用餐，飯食已迄，店員問我們是否要買單，結果另一位店員說：「你還沒給客人上甜點耶！」結果，被罵的女店員哭喪著臉對我們說：「嗚……我是一隻受虐的小羔羊！」我和女友面面相覷，下次再也不敢來這家店了，以免有店員被罵時，一時激動把我們當作代罪羔羊，把手上熱滾滾的湯鍋不小心倒在我們身上。

另一次，在汐止新台五線旁某大型社區裡，老闆與我們簡短交談之後，我就發覺老闆的腔調別有特色，一問才知道，原來他來自澎湖西嶼內垵，當下覺得很親切，因為我以前在白沙講美服役，每當從馬公搭公車回營區時，都必須搭乘終點站是西嶼外垵的公車，雖然如此，老闆還是沒給我們用餐折扣……。

雖然與女友分手了，我有時仍會自己一人去吃涮涮鍋，前幾天，我在某店用餐，一般店家擺設招財貓是一件很平常的事，但這家店很特別，除了招財貓面對門口，還有一尊木製的彌勒佛擺在桌邊，看著芸芸眾生吃火鍋，由於我只有一個人，店員安排我坐在這尊淺淺檀木色的彌勒佛旁邊，害我吃肉時都不敢跟彌勒佛相望。

其實，在涮涮鍋店安排座位有賴店員的巧思，尤其是遇到這種只有一個人來的客人，通常大家都不太習慣旁邊坐一個陌生人，如果讓顧客自己選位子的話，通常顧客會挑選與

隔鄰空一格的位子，這樣一來，會讓整個空間都是空一個的情況，一旦雙雙對對的顧客變多了，就沒有適當的位子可坐；因此，店員必須讓單獨用餐的客人坐在最邊邊的位置，或是與鄰座相隔兩個座位。

有一回，有兩位單獨來的客人被安排坐在一起，一男一女，但是送菜盤和肉片來的店員不是安排座位的人，到了男客要買單的時候，店員問「他們」：「兩位一起嗎？」結果這一男一女不約而同搖搖頭開口說：「不是！」場面頓時有點尷尬，況且，那位女客的菜盤還有菜哩，這位店員怎麼沒有看出來呢？

我吃了一會兒，一位媽媽帶著六歲左右的女兒（姑且稱之為妹妹）來用餐，由於只開一鍋，所以被安排在我的對面，媽媽忙著弄菜，妹妹只需要等著面前的碗裡出現食物再動筷子就好了。等等，我還沒說完這家店的獨特之處，除了招財貓與彌勒佛之外，貓咪的旁邊是一位La New扭臀娃娃，它穿著白綠相間的運動服，頭戴帽子，扭呀扭的，而小孩子總是比較好動與好奇，妹妹注意到扭臀娃娃，三不五時會跑去娃娃前面摸摸它，然後露出笑容說：「好可愛！」

對，「好可愛！」這位妹妹穿著粉紅色的T恤，有著圓潤的臉頰，還有一雙大大的眼睛，短短小小的手拿筷子吃東西的樣子真的好可愛。

英文有個詞彙lolita（羅莉泰），意指未滿十三歲的小女孩，延伸之意，則是指成年男子對小女孩的愛戀。義大利作家兼教授安貝托艾可（Umberto Eco）在其Diario Minimo（中譯本：誤讀）書中就放了一篇諷刺性文章：〈乃麗泰〉（Nonita），內容描寫一位正值青春鼎盛、英姿勃發的少年，他愛的不是其他同年齡的青春少女，而是被人稱之為「老太婆」的人兒，男主角使用「小妖婆」一詞來稱呼他所熱愛的

八十多歲的身軀，女主角的名字是乃麗泰。

　　以前，女友總愛問我喜歡什麼樣的女生？我老是答不出來，後來她想到一個方法，就是問我喜不喜歡某某女星，當她把台灣演藝圈的女星都問了一遍之後，歸納出一個結論：「你喜歡大眼睛的女生。」

　　喔！她的觀察似乎是對的，眼前這位妹妹的眼睛真的大大的，一邊吃著碗裡的麵，一邊咕嚕咕嚕地用眼神掃射全場，彷彿會電人一般，我當然也被她掃到，雖然想多看幾眼，但我還是趕緊把眼光移向別處，彌勒佛依舊對我哈哈大笑，扭臀娃娃搖啊搖的很可愛，對面那位被我暗自稱為「涮涮鍋之電眼妹妹」的粉紅女孩更可愛。

2002/8/8

從淚水中醒來

　　一開始，就像電影情節一樣，我在白色的長廊奔跑，被一群穿著黑色皮衣的黑人追逐，他們手拿著槍，要把我幹掉。

　　我躲回家裡，鎖門，發現媽媽被關在小房間裡，而我舅舅在另一個房間，他要把送給我們家的東西都拿走，黑衣人隔著大門窗戶望著屋內，但是進不來。

　　我一直問舅舅，為什麼要把東西拿走？為什麼要把東西拿走？他只是不停地打包，沒有說話。家裡深灰色的貓也很難過，就撲上舅舅，沒想到，舅舅竟然變成一隻老虎，貓就撲在老虎的身上，我感到很害怕，怕老虎把貓給吃了，但幸好老虎沒有生氣。

　　這時候，另一隻金黃色的貓也走進房裡，牠很難過地走向我的腳邊，我蹲下來摸摸牠的頭、牠的背，淚珠，禁不住從眼角順著臉頰滑落，我終於哭了出來，同時，我也從淚水中醒來，在台北冷冷的晨光中，斜躺在床緣輕輕地啜泣。

　　其實我知道為什麼會有這個夢，非關家庭與親戚，而是我自己的故事。這些日子以來，心頭總是積累著抑鬱之氣，明知道要忘記、該放棄，卻經常會觸景傷情，想哭卻哭不出來時，夢境便引導我釋放情緒，至少，我不必悔恨懊惱不曾表白，如今，這一季的劇情，是該寫下完結篇了……

2002/10/27

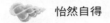

婚姻是試煉的開始

　　在追求別人或是戀愛的階段，總以為過程中的酸甜苦辣已是人間至極的滋味，然而，婚姻生活其實才是對兩人考驗的開始。

　　戀愛時，可以在雨中站在宿舍門口為對方等候，可以在女友家樓下坐在機車上徹夜長談，可以不分天南地北無眠無日搭火車飛機趕到對方的住所，一切的一切都顯得那麼浪漫。

　　然而，婚後的現實面卻不斷衝擊兩人相處的模式與心意；總體來說，婚姻有兩大可能的挑戰，一是婆媳問題，另一則是婚外情。

　　在婆媳問題中，老公其實是解決問題的關鍵，老公如果不肯承擔媽媽與老婆之間的歧異，一昧倒向媽媽或老婆那邊，屆時一定會傷害另一方。比較適當的作法是讓兒子承擔比較多來自媽媽的要求與壓力，畢竟媽媽都比較疼親生兒女，而媳婦則應儘量順從婆婆的想法，若有意見不合，則推說是老公的意思，至於夫妻之間如何「粉飾太平」，那就是關在閨房裡的事了。

　　如果老公逃避問題，既不想得罪媽媽，也不想幫老婆，任由婆媳間的歧異擴大，這樣下去只會傷害婚姻關係，畢竟，女人結婚要的是幸福，而不是做牛做馬還被人嫌啊！

　　有人愛情長跑六年，婚姻卻只維繫了一年就以離婚收場，綺麗浪漫的戀愛故事，完結篇總是落在結婚典禮上，有時候，家庭與親密關係的維繫，是需要一點技巧的。殊不知，婚姻才是試煉的開始呢！

2002/10/22

薄酒萊。2002

　　星期三，在一場結局不甚美好的春夢中醒來。下午，收到同事送來的離職禮物：詩文集「情詩與哀歌」。我接著把大悲咒CD放入光碟機中，咒音繚繞；扭開隨身聽，聽著口述歷史訪問錄音帶，中年受訪者語音嗡嗡；窗外，冬雨霏霏打在玻璃窗上滴答作響。我在詩、咒、雨滴、古老歷史針織交錯的訊號環繞中入定，隨即感應一場宜蘭外海的小地震。

　　星期四，向老闆告假半天，帶著兩瓶薄酒萊與休假半天的她相見，在全國最低溫的淡水。如果不是法國酒廠決定在每年年底推出新酒，如果不是她的工作不能在週末排休假，如果不是她高三那年交往的男友選在耶誕節完婚，這場薄酒萊之宴也不會在此刻舉行。

　　我比較好奇的是，為什麼那位高三男友可以盤據她心頭長達七年之久，讓她說出「擁有我整個青春的那個男人，要結婚了耶！」，縱使這七年間交往過其他兩任男友亦然。

　　原來，當初的分手是個遺憾；嬌嬌女的她，在美麗的年華恣意揮灑著青春，復以兩人所考上的大學一個在南一個在北，距離遂成為她提出分手的絕佳理由。

　　誰知，分手沒多久她就後悔了，想挽回卻已太遲，男孩已經接受系上一位女同學猛烈的追求。雖然如此，他們仍於分手後的第一個耶誕節清晨在台中見面，相約在這個位於雙方大學距離中位數的陌生城市。男孩說，他雖然接受新女友，但心裡掛念的人卻是她；然而，諾言豈是兒戲，既有新歡，舊愛何處擺？熟悉的回憶流洩出滿地的遺憾。

　　平日，學校忙碌的表演課程讓她暫時忘了他，然而，一旦到了週末假日，寂寞像清風襲上心頭、撲向臉龐，沒有了

他，生活重心何在？後來她轉學到台北另一所大學，課業固然繁重，準備起來卻毫不吃力，心思不知該放哪裡，那就到處玩吧！雖有新男友，似乎也未能填補她空虛的內在。

一直到她迷上某戲劇，結識一群同樣為該戲著迷的戲迷，她們透過網路串連在一起，發展組織、相約看戲，全國東南西北到處奔跑，只要有戲的所在，就有她們這群人的腳印與掌聲。漸漸地，對戲沒興趣的男友反成了限制與障礙，猜忌與抱怨，不斷摩擦撕裂兩人的關係，分手成為必然。

至此，距離高三已經七年，她的心靈逐漸被戲劇、被姊妹們填滿。高三男友就像張舊照片，被裱框掛在純白的牆上，在記憶裡為他留一個不起波瀾的位置，歸檔收藏；往事就像一本口述歷史，也許偶爾會拿出來翻閱撫拭，也許某天有人問起，她就像受訪者一般說著自己的故事，娓娓道來。

語畢，只覺薄酒萊令人微醺，透明玻璃杯殘留幾抹葡萄色，我們蜷起身體，像貓一樣用前腳交叉遮住雙眼，各自盤據在客廳一角，傾靠著沙發體驗酒意帶來的舒適感、享受午後的睡意，落地窗外，淡水的冬雨襲擊著陽台。我突然想起詩文集的片段：「祝福你，你所愛的人，以及你未來的孩子。能生活在我們曾經編織過夢想的土地上，想起這件事，就是一種單純的美好。」

2003/1/1

隱隱作痛

《囚》個人電子報報主鄧霓在最新一期文章說：「一直以為情歌煽情，直到自己終於也變成了一個煽情的人。有時抬頭，才發現，對方已經跑了好遠，走了好久，而我還停在這裡，我被留下來了。」

在兩人關係中，有時後其中一方會跑得比較快，他專注於人生某個目標，感情可能只是生活的一部份，當他在人生跑道上衝刺時，另一半卻把精神重心擺在感情上，沈醉於兩人互動關係所帶來的喜悅感。如果雙方長期無法接軌，通常把生活重心擺在感情上的那一方會開始抱怨，甚至懷疑，為什麼進入穩定期之後，他就變冷淡了？為什麼熱戀時的激情互動、浪漫舉動不再？

此外，分手後的兩人關係也可能發生類似的情況。一方已經決心告別，積極尋找新對象、熱烈擁抱新戀情；另一方卻可能還在撫平傷痛、細數過往、怨東怨西；想不開的，甚至還會嘗試挽回或是持刀埋伏，然而，他早已走遠⋯⋯

一位友人喜歡用「風箏」來形容這樣的關係，一方在天空自由地飛，隨著風的吹撫飄向四方，地上那一端卻緊握著繩索，企圖拉住對方，希望他不要跑遠，可是，只要風夠大、只要風箏心意夠堅定、只要地上那一位不肯移動步伐，兩人的關係遲早會斷線。

其實，一段情感不是藉由計算對方送過我多少朵花、打過多少電話、送過多少禮物來確認；愛情又不是相欠債，關鍵在於，相愛是兩人的心在同一個頻率跳動，以及擁有對未來的共同憧憬，不論對方現在追求什麼目標、人在異國異鄉，都希望他能順利完成他的理想、希望他過得好，只要頻率契

合，風箏縱然飛得再遠，都願意讓那條細細的線緊緊相繫。

　　另一位友人的男友在德國求學，攻讀博士，她在台灣工作，兩人身體雖然相距千里、交往近十年，卻從未聽聞任何一方有出軌斷線的跡象，彼此互相信賴、支持對方的願景，讓他們能長期交心走下去。

　　當然，道理人人能懂，只是，真正做到的有幾人？

2003/1/3

指尖

　　當妳在MSN問我會不會回信時，我以為是email，沒想到妳說的是用手寫的信， 隨著書信和手機簡訊的魚雁往返，我們漸漸制約了彼此，夜裡沒有我的呢喃話語便睡不著，清晨沒有妳的簡訊便喚不醒；每週總要等待妳的來信，而後細細回信；持續了一整個冬季的互動，我們在農曆年後終於有了見面的機會。

　　第一次見面時，我們坐在有榻榻米地板的餐廳，用餐、唸書、塗鴉、喝飲料，那張被我們共同寫下，記載著初次相遇的悸動的小紙條，不知是否還被壓在透明桌墊底下？或者已被後來的戀人、同學、旅客用新的心情蓋過去？外頭依舊下著雨，餐後，我們共撐著一把傘在一中街閒逛，然後穿越台中公園向綠川西街邁進，陪妳等通往大里的公車，從相遇到說再見，一切都顯得那麼自然，彷彿多年老友，沒有尷尬與不安。

　　席間，我端詳著妳的手，順勢輕輕撫摸妳的手背，不料被妳用另一隻手打了一下以示警告，但我不死心，繼續用我的指尖，碰觸妳的指尖，五指相觸，那是你我用來寫信的指尖，不止有敲打鍵盤的痕跡，更飄散著信紙的味道。一隻手，滑動撫弄著另一隻手，似乎有一股埋在心裡的火苗險些被點燃；後來才明白，妳的拍打警告，不是不悅，而是不希望我們會有後續的發展，一旦攜手走入禁區，只會引燃焚身的烈火，這一點，妳比我成熟許多。

　　當時我並不知道，那次相聚很可能是我們最後一次見面，我到達台中才開始落下的雨，預告著散落分離的結局，縱然有過再多的歡樂時光，命運之神總愛作弄看似美好的兩

人，我們，終於遭遇了事先就預料得到的障礙。在進入曖昧期的最初，我們心裡都清楚現實世界的難題，超過十歲的的年齡差距、妳還在北區的高中就讀，有誰會祝福？但我們卻任由感情滋長發芽、迴避定義的問題，任憑心性帶領著身體走。

我們曾經共同看到一種關於未來的可能性，不需諾言、不必當下的海誓山盟，「時間」本身就是最佳的考驗。妳總愛說：「相遇是偶然，分離是必然。」這是預言也是魔咒，妳我終究也跌入了咒語的網，迫於現實的壓力，我們不得不斷了音訊。我曾為此哭泣過，如今已然釋懷，我相信，不聯絡，不代表遺忘；不聯絡，不代表不想念，人的一生中，曾和妳交會與交心，就是非常值得的緣分。

原載於《台灣日報》副刊，2003/4/16

當好朋友喜歡上我的女朋友

如果好朋友喜歡上我的女朋友，首先要辨認自己與女友的關係，回憶兩人從陌生到熟悉的過程，究竟是深切的熱愛對方？還是習慣成自然？

為什麼要先檢視自己與女友的關係呢？因為，兩人雖然有男女朋友的名分，但雙方會不會只是習慣有對方深夜的來電問候、款款訴情衷？會不會只是習慣每天有他的接送、一同下班或是共進晚餐？如果確定是因為「習慣成自然」而在一起，那別人確實就有可乘之機，因為女友隨時都有可能和班上同學或公司同事在日常生活中「習慣成自然」，只差沒有名分而已。

其次要辨識好友對女友的感情，是喜歡還是愛？這點比較困難，但仍須旁敲側擊。

什麼是喜歡？什麼是愛？

喜歡是一種條件句，「因為你很高，所以我喜歡你。」「因為妳有大眼睛，所以我喜歡妳。」或是「因為你有車，所以我喜歡你。」甚至「因為妳對我好，所以我喜歡妳。」一旦那個條件消失了，「喜歡」的感覺也隨之煙消雲散了。

愛不是條件句，愛是一種「捕捉另一個人的心」的過程，所謂「捕捉」，是指要去體會對方的想法、瞭解對方的需求、希望對方過的好。他笑，妳也跟著笑，他悲傷，妳也跟著流淚，妳知道他的夢想，並且願意加以支持，也許有一方必須夜夜唸書、參加考試，無法常常相聚，雙方也能協調出彼此都能接受的生活作息與約會模式；縱然對方家裡很窮、身材肥胖或是禿頭，但，愛上了就是愛上了。

如果好友是因為某些「條件」而喜歡我的女友，那事情

倒好辦，就把他當作是欣賞我女朋友的「影迷」吧！而女友，當然就是「明星」或「偶像歌手」囉！君不見國際級明星的仰慕者何其多，尤其是西方國家的影視偶像或歌手，fans的分佈早已進入「全球化」的時代，有人欣賞我女友，證明我的眼光不錯！

然而，在現實世界裡，不論好友是喜歡還是愛上我的女朋友，那都注定了我與好友之間的尷尬，就像水在平地的沸點必定是攝氏一百度一樣，說兩人不尷尬是騙人的。最怕的是女友不表態、不做選擇，放任兩個男人相互攻防，自己卻享盡被兩人呵護疼愛的暖暖感受。

就像陳奕迅與梁漢文合唱的《拔河》：「我們都會失控，有人搶愈是不放鬆，如果忘了初衷，最後爭到手也沒用。……感情怎麼分割、怎麼曲折，都等她選擇，你爭的究竟是愛還是種資格？……愛其實說穿了，不該你的不怪誰招惹，只拖著她的軀殼愛著那又如何？」

身為女友，不該放任男友與他的好朋友為了自己相互征戰，感情的寄託與選擇，要靠獨立的自我做決定，女人不是任人論斤秤兩的人肉商品。

身為男友，不必在為了留住女友還是保住好朋友之間拉扯，感情的產生與維繫，要在頭腦清晰時下判斷，男人不是見一個愛一個的無頭蒼蠅。

情侶之間，最重要的是心靈的契合，所有外在的物質條件都會變化、都會消逝，唯有「心」是難以被風雨吞噬的磐石，如果兩人的心都在對方身上，就算是身體相隔兩地，就算好友喜歡上女友，也不用擔心自己與女友之間的感情產生變化。那是一種心境，一種穩定平靜的心境，好友的喜歡，是一顆不小心墜入池塘的小石塊，雖然激起一陣波瀾，卻迅速下沈，化為池塘土壤的一部份，為情侶鞏固了感情。

說了這麼多，其實都是事發之後的補救措施。感情的生生滅滅是有可能輪迴的，當初，你跟女友是怎麼開始有感情的，將來，就可能有另一個人以同樣的模式與你女友培養出感情。所以，為了避免這個「另一個人」是你的好朋友，斧底抽薪之計就是：不要介紹你的好朋友給女朋友認識！

原載於《愛女生》月刊，2003/3

我的藍色大門

在你十七歲那年，你曾愛戀過一個女孩嗎？師大附中於今年四月六日舉行校慶，算一算，距離我高中畢業也十一年了，這是第一次寫下對初戀的回憶。

進入附中第一年，我就參加「電子計算機研究社」，那是個從MS-DOS和Basic語言入門的年代，C++語言也正要蓬勃發展，Windows 3.1版在我高三那年開始流行。社團每年都會舉行出遊活動，在高二升高三的暑假，屬於我的十七歲仲夏時，社團前往基隆八斗子忘憂谷一遊，學弟湯湯帶他的朋友峰峰及其女友娟娟一起來玩，活動結束後，娟娟又介紹她另一所高中好友莉莉給我認識，我們一群人會在週末出去玩。

開學後，原本一群人出去玩活動，漸漸演變成倆倆的約會，莉莉家正好就住在附中旁，她妹妹珊珊就讀附中國中部，於是我們有了更多見面機會，每逢週六，就會有一位黃衫軍出現在藍色附堡697班走廊，對她而言，走進附中就好像逛自己家廚房一樣，而建國南路的市圖總館，也有我們的足跡。

那是一段簡簡單單的純情之愛，我們不必考量對方的職業、收入、有沒有房子、車子，我們能做的，就像一般高中生一樣，流連在校園、電影院、西門町、圖書館。唯一比較特別的，是我每天會早起搭公車，大約六點多就抵達師大附中的站牌，我並沒有馬上進學校，而是站在信義路的走廊上，等待莉莉從對面的巷子出現，我陪著她等公車、聊天，一直等到開往景美的公車到來，在我印象裡，有時她會揹著一把用黑色皮套裝著的吉他，緩緩出現在我面前，嗯，她是吉他社的。

在那個年代，既沒有手機也沒有網路，對情人而言，如

何保持連繫是件很困難的事,我高三,即將聯考,她高一,父母不許她交男友。在那個通訊極度匱乏的狀態,我只能等待她利用父母不在的空檔打電話給我,而我不能主動打給她;曾經有一此沒約好,週六下午我人在社團,而她卻已在我們班走廊站了兩個鐘頭,真是難為她了;長期下來,有些誤會或是小傷口無法即時處理,便會在靜默中漸漸擴大,拉開兩人的距離,而後,各奔天涯,到了我大一那年的某一天,終於再也接不到她的電話。

然而,有些人事物,在你以為已經忘記的那一刻,偏偏就會冒出來,提醒你,有些事情,其實你還記得。大約分手六年後,我就讀某校政治學研究所,並且擔任大一「政治學導讀」的工作,很意外的,有位大一學弟竟然就是珊珊的男朋友!地球就是這麼小,我後來輾轉得知,莉莉對我的印象是:「一幅山水畫裡,站在石頭上的詩人。」我很感謝她,為這段無疾而終的戀曲,寫下善意的註腳。

青春之可貴,在於它永遠不可能重來,今天,我想點播的歌曲是劉若英唱的「後來」,有些關係,一旦錯過就是永遠地消逝了;有些戀情,一旦寫下句點,就沒有再譜新篇章的可能性。在此,我特別要點給那些曾經在十七歲的年代談戀愛,最後能平平安安分開,在回憶裡沒有怨懟的戀人們!

2003/4/2

因為寂寞

那天和妳聊到婚姻的話題，我對婚姻沒有太多期待，甚至有點猶疑恐懼，兩個人結婚之後，真的能繼續相親相愛嗎？婚前的誓言能維持多久呢？這世界為什麼有那麼多不幸福或是婚外情的例子？

妳的答覆讓人充滿希望，我看到了一個願意努力經營婚姻的人，妳說，婚姻需要彼此努力去維繫，沒有人一定要扮演「男主外、女主內」的刻板角色，妳不會是男人的負擔，而且將與男人一起面對未來，這些話語都讓人動容，原來世上還有人真切地相信婚姻、捍衛婚姻。

不過，這些話都還不能說服我，畢竟，努力唸書的人，並不一定會考上明星學校，平常打混的人，也可能得到豬頭老闆的賞識，因而比其他同事幸福。更何況，當無法確認自己的感情是不是篤定踏實的時候，如何承諾這份感情與身體都由妳一人獨佔？直到妳說：「我不想一個人生活、一個人傷悲、一個人快樂，因為一個人總會有那麼一點點孤單、寂寞、淒涼……。」才真正地擊中我的心坎，寂寞，是個躲在心海裡，偶爾偷偷跑出來探頭探腦的字彙。

的確，一個人總會有孤單寂寞的時候，抬頭一望，窗外的天空好藍、空氣很清新，桌角的萬年青正翠綠，據說，日本的櫻花正翩翩墜落，音響傳來的是凱文・科恩的田園派鋼琴樂音，可是身邊卻沒有伴；有時候，慾念的翻騰也很難靠一個人排解，翻來覆去盡是煩躁，按奈不住的盡是寂寞。

兩個人，可以只是因為寂寞就在一起嗎？可以為了逃避孤單的情緒而相依相守嗎？這樣一來，似乎沒必要做出什麼承諾，就算住在一起、就算有個專屬兩人的小天地，你我心

知肚明，我們只是逃避寂寞……

　　幸好，寂寞是緣分的帶原體，可以引領我們相遇，如果
地球上沒有那麼多顆寂寞的心，又如何在遼闊人海中，讓原
本不相識的人敞開心房，迎接對方進駐、彼此探索？然而，
兩個人的情感若想度過探索期，就必須擁有對未來的共同願
景，兩人必須願意互相支持對方的理想，以憧憬為黏著劑，
這樣的結合，會比寂寞牢固。

2003/5/11

別跟姊妹說

　　談感情的初期，從邂逅、愛慕，到斗膽打出第一通電話，步步皆是驚濤駭浪，令人心情起伏不定；除了小心翼翼地摸索經營，有時候也要提防來自好朋友的意見，太多諸葛亮的結果，可能會讓剛萌芽的愛情之苗夭折。

　　作家李欣頻曾提出「真愛破壞鬼」的概念，意思是，當妳有了交往的對象，開始談戀愛時，妳的姊妹淘卻勸妳「看清這個男人的真相」，想盡辦法要妳承認這個男人其實沒有那麼好，甚至很爛，不如早早分手吧！這種類型的姊妹被稱為「無伴破壞型」。

　　另一種類型則是「有伴鼓勵型」，她們會積極鼓勵你追求「真愛」，妳才跟對方見過一次面，姊妹就不斷查詢妳們的進度，從牽手了沒到去過他房間沒？如果還沒，她就會鼓勵妳展開熱烈的「搶人」行動，以免對方被別的女人搶走了，而這些太積極的舉動可能會造成反效果，嚇跑妳的他。

　　為什麼姊妹淘中會出現「真愛破壞鬼」呢？可能是因為朋友之間的吃醋與嫉妒吧！明知道姊妹總有一天會有男友，可是當姊妹要約會無法參加聚會時，就愛罵她一句「見色忘友」；或是因為自己的感情不順遂，便幻想姊妹的男友一樣爛。如同作家南方朔所說的：「當人們有了妒忌之念，他就會刻意貶低自己原先就已擁有的，並誇大自己所沒有的，蓋只有如此，妒忌的動力始有可能維繫。」

　　除了姊妹淘的潛在威脅，有時候情人之間的猜忌醋意也會毀掉一段好不容易建立起來的感情。南方朔便說：「一點點假醋，的確可以讓愛情變得更珍貴；但若吃醋成了真，那就難免變成愛情的夢魘，終至摧毀愛情。」「有一大半殘破

及變成怨偶的愛情，都起源於吃醋。吃醋會使人看清自己，而後讓猜疑毀掉原來的擁有。」

　　是的，一點點醋意猶如「小別勝新婚」，為情人間帶來新的情趣。有位朋友在男友的房間搜出他前女友的照片，朋友看了順手把照片甩在地上，作勢要踩照片，讓她男友看了覺得很好笑，但也覺得「原來我女友是很在意我的。」

　　而對於那些不曾出手搶男友、也不會扮演「真愛破壞鬼」的姊妹淘們，我們仍應心存感激，感謝她們的真心聆聽與安慰。但是，如果姊妹淘總愛為妳的感情潑冷水時，或許該聽聽李欣穎的建議：「關於戀愛，千萬不要聽信姊妹淘的意見，最好一開始就別讓她們知道，自己享受就好，……請從現在開始，相信自己、相信愛情、相信對方就好了。」

2003/5/17

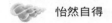

下注的勇氣

妳有玩過樂透彩嗎？是電腦選號還是自選？有些樂透玩家會到處找明牌，有錢一點的還會包牌，狠狠賭一把，只要中頭獎就翻身了。

談彩券好像很俗氣，不過，人生許多關鍵的時刻，不也像玩彩券一般，同樣是在下賭注，同樣要做出不知道會不會中獎的抉擇。

有位已婚讀者閱讀過拙作〈因為寂寞〉之後說：「每個男人與女人在結婚前一兩天時都會有這樣的過渡期，當時的我也會想：這個人真能和他走一輩子而沒有外遇？永遠幸福？相親相愛？白頭到老？永不變心？……等等的疑問，全部在那剎那間湧出腦海裡……然後開始想逃婚……。」她說：「幾經思量，與其說是『相信婚姻』，倒不如說我『勇於賭注』，到最後要踏出紅毯的那一剎那，我還是選擇『賭』這一次的婚姻。」

是的，做出抉擇需要勇氣，聯考填志願要勇氣、繼續進修還是工作需要勇氣、遇到豬頭老闆要不要辭職需要勇氣、是不是要跟眼前這個人結婚同樣需要勇氣。人生就像是一個大型的賭場，作莊的人，不該耍老千、設局詐賭，而賭徒的倫理守則是「願賭服輸」。

一旦決心下注，就要勇於承擔責任、認真經營，而不是「隨緣自在」，甚至「電腦選號」，戀人之間的承諾，也是如此，兩個人在一起之後，難免會遇到莫名的障礙與困難，或許問題的解決方案不是那麼容易，但總是要靠雙方的智慧與毅力加以面對。

今天想點播梁靜茹唱的「喜悅」，這首歌是梁靜茹與

男友阿管的定情之歌，情人之間是一種相互託付的關係，因
為我們將未來的夢想放在對方的肩膀上，除了心意的緊緊相
繫、除了每日的戀人絮語，我們還擁有對未來的憧憬；唯有
肯承諾的人，才能體會承擔夢想的喜悅，過去的我，因為看
見太多困難的例子，變得膽小、缺乏自信、不夠勇敢，而如
今，我終於有決心承擔愛人的執著與勇氣，我相信我們會在
一起，我不再是一個人而已，「妳的愛給我力量，讓我勇敢
的飛」！

2003/5/28

天人菊的友情

　　台灣男人談起當兵的經驗，可以講上三天三夜沒完沒了，內容不外乎操體能、老鳥欺負菜鳥之類的，偶爾也有軍旅戀情或是「兵變」的文章，但Ruth所寫的〈天人菊的愛情〉是更為特殊的題材，那是站在女方的立場，由在地人的角度，述說著與阿兵哥邂逅的歷程。

　　〈天人菊的愛情〉還有另一層特殊性：海洋所形成的天然阻隔，讓澎湖的女孩無法像台灣女孩一樣，念頭一轉，就可以搭乘台汽或台鐵直奔「負心漢」所在的縣市；當義務役的官兵役期一到，男人搭著飛機回台灣，女孩只能留在原點，也許他會回來看她，也許他就此無聲無息，也許，過不久又有新來的阿兵哥，譜出新感情。

　　看完〈天人菊的愛情〉，讓我想起自己在澎湖當兵的歲月，想起軍中同袍阿豪告訴我的，關於他與馬公某書局女孩的故事。

　　每次放「在澎假」時，阿豪總愛到馬公市各書店晃晃，澎湖沒有大型連鎖書店，卻有一家家小型的、走道狹小的書店，把書籍雜誌文具聚斂在一個小天地，沒有穿制服的店員，卻有一番淡淡的、身體與呼吸促狹接近的氣息。

　　那家書局的店員是對姊妹花，她們並非親姊妹，只是年紀大小有別，故稱之。每次晃去書店，除了看書買書，阿豪還常與她們天南地北聊天，在馬公上班的姊妹花，不必趁退潮去撿燒酒螺或仙人果。

　　其中，小百合比阿豪小五歲，有個正在台灣某新兵中心受訓的男友。有一回，她男友放假回澎後，因故兩人吵了一架，男友的假期還未結束就跑去台灣，沒回營區，也不聯絡，

小百合擔心不已，「他該不會去台灣住旅館開房間吧？！」「不要想太多啦！」「如果要花錢找女人，為什麼不把錢花在我身上？」後來得知，她男友一氣之下跑去台灣後寄宿在親戚家，並沒有上旅館開房間。

就這樣，她說著她與男友的情況，阿豪說著他與女友的故事，在一座島嶼當兵，兩個愛書的人，還能聊什麼事？每當到了收假時分，阿豪便搭乘馬公市公車，沿著澎三號道返回講美，那條路有點類似台灣的濱海公路，西側是海，沿途盡是夕陽餘暉映照在海面上，海風雖鹹，心卻是暖暖的，公車底盤比汽車高，只有公車乘客能獨享落日美景。

義務役兩年，像是參加一場長期的畢業旅行，旅程結束，終究得回到自己的家鄉。在阿豪退伍前一天，小百合送他一份小禮物和卡片，上面寫著：「在店裡認識的阿兵哥很多，但能成為我心中的真心朋友卻很少，可是你卻是其中之一喔！因你的個性與阿豪我很喜歡。……不要忘了，澎湖的小百合喔！」

回台灣後的第一個耶誕節，原本有意寫張賀卡給小百合，但阿豪不知道自己在衿持什麼，始終沒有動筆，是因為自己有女朋友嗎？日子一天天過去，就以課業繁忙原諒自己的疏懶吧！

某一年冬天，阿豪回澎湖一趟，想造訪當年的書局，沒想到已不復存，店面換成通訊行，馬公街上多了麥當勞、連鎖咖啡店、便利商店、網咖……阿豪第一次體會什麼叫做滄海桑田。

聽完阿豪的故事，心中微微感慨著，友誼需要雙方互動、需要經營，縱然明知道這只是一趟旅行，相遇就注定了分離，但，若真把對方當朋友，就該小心翼翼，別讓空間與時間構成了距離，永恆蹉跎的距離。

　　不過，換個角度想，我以為努力互動就能留下些什麼，但世間種種終必成空，唯獨記憶長存在心中；總是要自己經歷過許多事情之後，才能體會相遇是偶然、分離是必然的道理，或許，幻想著雙方的回憶裡都替對方留了位置，才讓往昔歲月顯得美好。

　　又是夏日炎炎的開始，是該回澎湖一趟了。

2003/6/21

我們到底是什麼關係？

　　一個人選擇自殺的原因當然有很多種，無法歸咎於單一因素，但世人可能不明白，對纖細心思的人而言，感情發生了就是發生了，縱然只是單方面自以為是的愛戀，也不能抹煞那曾經滋長的情愫。據電子媒體報導，男方生前曾問女方：「我們到底是什麼關係？」事實上，這也是許多男男女女進入感情曖昧期之際，最常在心底提問的一句話。

　　有些人，明明不愛對方，或是不知道怎麼拒絕對方，卻又不想失去這個朋友，於是給了他模擬兩可的答案，結果對方一直以為自己還有希望，不停癡癡的等。其實，如果自己真的不愛對方，就應該明確拒絕他的表白與追求，並且清楚界定兩人的關係；若是閃躲不見、不知道怎麼拒絕、似有若無，種種保留想像空間的作法，只會讓對方陷入更深的痛苦中，為自己製造困擾而已。

　　許多年前，清華大學洪姓研究生殺害了自己的同班女同學，並且用「王水」毀屍滅跡，為的只是要除掉「情敵」，以利自己與男同學在一起；當記者詢問被追求的男同學，到底這兩位女同學那位才是他的最愛時，他回答：「她們都只是朋友而已。」

　　向人表白需要勇氣，但拒絕一個人也不是件簡單的事。

　　當有人問妳「我們到底是什麼關係」時，這意味著兩人的互動已經到達某種程度，來到「友達以上、戀人未滿」的階段，開口的一方心裡想要的「不只是朋友」。此刻，被問的一方請務必有答案，「愛與不愛都需要勇氣」，逃避問題的後果是痛苦，感情的世界裡不見得有對錯之分，勇敢界定兩人的關係不一定會失去這個朋友，但是，把對方的心拉得

好高再重重摔下，這是一件不道德的事情。

　　被追求者常常會說：「我不知道怎麼拒絕。」「我很怕他又開口表白，所以不想理他。」不過，片面「不接觸、不談判、不交流」的作法，終究沒有解決問題。我個人認為，若真正為雙方好，清楚明確地界定兩人關係才是上上之策，明確拒絕追求者也許是一種「狠心」，但這種短期的狠心可換來長期的和平；避不見面或保持曖昧都會造成困擾，想不開的會跑去殺人或自殺，稍微好一點的也許會瘋狂購物、抽煙喝酒、不吃不喝哭上三天三夜等等。

　　在每個人的成長過程中，許多事情的發展與演變都不在我們的預料之中，正因為如此，生命才處處顯得驚喜。地球上的人口這麼多，偏偏就是遇上這一個，我們不知道為什麼會碰撞在一起，也不曉得為什麼會在內心深處滋生出感情，也許是生活環境有利兩人相處，也許是心靈交流牽動著彼此。不論如何，「意外」既然發生了，就應該勇敢面對並釐清關係，逃離現場是會被開罰單的喔！

2003/6/24

結婚的條件

結婚的條件？男需年滿十八歲，女需年滿十六歲，有公開儀式……不，不是的，這篇文章要談的是非關法律的結婚條件。

看著電視節目「天堂與地獄」，小琳和大雄因為生不出小孩，遭到婆婆嫌棄，婆婆和大雄都怪小琳生不出小孩，小琳去醫院檢查後發現自己沒問題，大雄卻不肯去醫院檢查，堅持自己一定能生；更慘的是，生小孩其實是來自長輩「傳宗接代」的期許，大雄覺得壓力很大，於是在外面有了別的女人，大雄的媽媽竟然說：「沒關係！只要有小孩，把小孩帶回來，我一定養！」面對婆婆的挑剔、丈夫的怪罪與外遇，小琳身心俱疲，決心離婚。

看完節目，讓我想起身邊朋友的例子。在大夜班擔任護士的小芬，每次下班後只想先好好休息，家事等睡醒以後再說，不料，婆婆竟怪罪她從來都不做家事，完全不顧她的媳婦是大夜班的護士，作息時間較為特殊；而小芬的丈夫也悶不吭聲，好像這是老婆跟媽媽兩個人的問題，與自己無關。於是，趁著還沒有小孩，小芬毅然決然離婚。

有位朋友小珍，夫家經營餐館，嫁過去之後，她彷彿變成廉價勞工，整天在餐館忙進忙出，小孩出生後，還得撥空照顧剛出生的baby；而脾氣不好的老公，對員工沒有好臉色，自己又很喜歡跑出去打球，粗重工作都推給其他人做，還要老婆自己想辦法籌奶粉錢。面對白天暴躁的老公，回到房裡，疲憊的小珍怎麼也提不起勁做那件事，人怎麼可能忍受一天的鳥氣之後，晚上還要變身成為嫵媚萬千的美嬌娘，應付老公的需索？於是，小珍也毅然決然離婚。

在婚姻關係中，最常被提到的難題之一是婆媳問題，但婆媳關係其實是其他問題的表面現象，很多時候，丈夫的態度與行動，是決定婆媳關係會不會變成問題的關鍵。先生如果太「孝順」，太聽長輩的話，遇到老媽對老婆的指責就躲起來，則婆媳當然會有問題。

如果先生可以撥出一點精力站在老婆這邊，由自己去和媽媽溝通：衣架子的方向、鍋碗瓢盆怎麼擺、小嬰兒怎麼餵、鹽巴蔥蒜要放多少份量、冰箱的配置……等等，媽媽再怎麼抱怨，畢竟是自己的兒子，總比媳婦來跟婆婆直接「溝通」要好得多吧！

小慧在婚前就被未來的公婆嫌棄，只因小慧的籍貫，讓公婆先入為主認定她是「外籍新娘」，一定會把錢拿回娘家，是來「騙錢」的；但是小慧在國小時就已經拿到中華民國身份證了，婚後，公婆仍經常想「看住」小慧，怕她拿了錢落跑。受盡屈辱的小慧對老公說，如果他要把公公接來住，「不離婚也沒關係，但我要搬出去住！」

這樣的婆媳關係，會不會讓小慧覺得很痛苦？她回答：「我覺得是心態問題，若今天我覺得婚姻不幸福，我就真的婚姻不幸福，若我覺得雖然日子不好過，婆家不尊重我，因身份不同而不被婆家接受；雖然每個月還要傷腦筋錢夠不夠用，可是吃得飽穿得暖、先生對我好、小孩健康，就勝過那不愉快的一切了。」可見得，積極樂觀的心態、一點點智慧與策略，加上丈夫對妻子的支持，可以讓婆媳關係不成為惱人的問題。

結婚需要很多條件，僅僅只有物質基礎和愛情是不夠的，愛情並不能解決婚姻裡的種種困難，倫敦政經學院院長紀登思在《親密關係的轉變》書中就說：「愛情與婚姻這兩者的關連其實是非常薄弱的，僅以愛情當作是婚姻的信條、

以及婚後相處的種種要求，以為愛情可確保婚姻的天長地久，這只是造成更多人的不幸福而已。」

在考慮要不要結婚前，需要注意對方的哪些條件呢？常被提到的有：長得帥或美、學歷高、家世好、有前途、脾氣好、不會打人、不花心、最好爸爸媽媽已經不在了……。這些條件都很好，不過，套用小珍離婚後的醒悟，結婚前，最重要的是認清對方的缺點（在妳眼中所認定的缺點），而且，不要誤以為對方在婚後會有所改變，如果妳能接受、容忍他這些特質，才能跟他結婚，否則，婚後也會因為這些缺點而摩擦兩人的關係。

如果他喜歡看職棒，不要以為婚後他會為了跟妳去國家戲劇院看戲而放棄巨人隊的現場直播；如果她熱愛買衣服，不要以為她婚後會為了買菜錢而省下置裝費；如果他脾氣暴躁，動不動就生氣，不要以為他婚後會為了小孩的教養而變得平易近人；如果他平常很孝順，媽媽說東，他連往東北都不敢，不要期望他婚後會為了心愛的老婆走向西。

除了愛情，婚姻關係更需要努力與容忍，容忍什麼呢？就是上述所說的「缺點」，妳不喜歡對方哪些個性與特質呢？婚後妳能不能容忍這些永恆不變的特質呢？這種容忍不是「委曲求全」，也不是以為他婚後就會改善，而是自己心甘情願瞭解他的缺點、接受他的特質，遇到這樣的對象，才能結婚喔！

2003/6/16

狠心才是仁慈

終於，你不再挽留了。

那一年，我看著台上的你，侃侃而談，天下政經局勢盡在你的掌握中，眾人專心傾聽你的分析，與你討論，辯論總是激烈，而你永遠鬥志高昂、充滿自信，我們的未來似乎也閃閃發光。

曾幾何時，我是那幸運的女孩，打敗另一位女同學，吸引了你的目光，在一通通電話中，我們擁抱知性的歡愉，浸淫在一場場知識的盛宴裡。

一次又一次，你訴說著喃喃細語，擘畫著未來的理想，為愛情在努力，而我，在電話的這頭，靜靜傾聽、給你鼓勵；可是，隨著日子一天天過去，我知道有些感覺、有些心情正在悄悄變化，如果花有四季，我的心怎可能永遠停留在春天？

每天回家，我只想攤在沙發上、打開電視，看著日劇裡的男男女女邂逅、試探、接觸、相戀，或是因為猜忌而分離。對於你叨叨絮絮的政治經濟，我已經失去興趣，你掛了電話，我掛了電話，然後我們就不說話。

雖然我從來不曾明確提醒你，我已對布爾迪厄論電視、布希亞的模擬虛像、麥克魯漢數位論、凱因斯擴張政策、傅科系譜學、羅斯福新政失去興趣，日劇似乎比知識的考掘有趣，但是聰明的你，已經從我的冷漠中察覺兩人情誼的淡去。「喂，妳在幹嘛？」「我在看電視。」「喔，那就降子。」下一次通話，是二十四小時以後，再次上演一模一樣的對話。

漸漸地，你不再對我訴說理想，你不想說，是因為我不關心、我懶得聽，就這樣，我們行禮如儀的對話日復一日直

到末日來臨；在分手的電話裡，我們從爭執、大吵到理性分析、復歸平靜。

以前你都會在隔天給我電話的，當我躺在床上靜靜等待時，鈴聲總會在某一刻響起，劃開心裡的痛苦沈悶，你低聲要求和好，我同意和解。如今七天過去了，卻毫無你的訊息，打開電腦，看著你的新聞台，依舊才華洋溢、眾人留言鼓勵，這才驚覺，原來我已經離你好遠好遠，有些話，似乎來不及說、也不必說了。

這一次，你不再挽留了，不得不承認，我終於失去了你，或許，狠心離去，才是對我最大的仁慈；日劇裡櫻花翩翩墜落，男主角遠走他鄉，女主角問自己：這會不會是最後一場心碎？

我的淚裡帶著笑意，床頭邊的音響，李心潔依然悠悠地唱著「謝謝你的愛」。

2003/6/2

小鯨魚

在明日報個人新聞台首頁看到一篇澎湖之旅的標題,我毫不猶豫點了進去,台長Iris在澎湖處處見到麥當勞的M型標誌,「證明了資本主義的影響真是無遠弗屆。」她文章所附的照片中有一隻小鯨魚玩偶,那是台長的寵物,台長帶牠去澎湖玩,被擺在麥當勞的杯子旁合照。

我也有一隻一模一樣的小鯨魚,但我的是紫色的,那是前女友與我一起買的,我們曾帶著牠一起去出去玩、一起拍照,這個構想來自於鄭華娟的書,她帶著一隻黃色鴨子玩偶到德國去,照片裡沒有鄭華娟,卻一定有那隻鴨子,證明她真的來過。去年十二月,我獨自帶著鯨魚去澎湖一日遊,駕駛座旁沒有別人。

在Iris台長的留言版留完言之後,我終於忍不住在電腦螢幕前哭了出來,淚水並不是為了挽回什麼,只是傷感那段被撩撥起來的回憶;翻看日記,發現去年七月我也曾因為觸景傷情而哭泣。

那是個燠熱的午後,鄧麗君的老歌在房間裡悠揚飄盪,我坐在書桌前整理抽屜,無意間取出一包澎湖某文石店的褐色紙袋,以為裡面裝的是印章,曾經在澎湖當過兵的人,或多或少都會有幾個這種包裝的紙袋吧,可能是部隊送的退伍紀念印章,也可能是為自己所刻,見證己身曾在澎湖走一遭;我把紙袋內的東西倒出來,裡面竟是星砂。

這是個裝載著星砂的透明玻璃罐,上頭用軟木塞堵住,綁著一條細細的棉線,可以充作項鍊使用。看著星砂,有一種睹物思情的感覺,當兵的時候,我也曾送過這樣的星砂罐給女友,自己留了一個;此時,鄧麗君正好唱到「雨夜花」

這首歌，清澈乾淨的嗓音唱出淡淡的哀愁：「無人看見，每日怨嗟，花謝落土不再回……。」距離分手，已是半年多，我第一次為這段八年戀情的消逝而掉下眼淚。

回到螢光幕前，Iris台長的前男友也曾在澎湖當兵，他們曾經玩遍整個澎湖，當時，Iris「單純的以為這就是我倆未來的生活寫照，相信只要兩個人手牽手，就能夠一起走下去。」但是，男友退伍後，一個工作一個唸書，兩人漸行漸遠，終於分手。

我當兵的時候，常有同袍說：如果女友沒有兵變，將來我們就會在一起一輩子。現在想來，當兵不過是種種考驗兩人關係的其中一種試煉，度過了兵變，也會有其他因素讓兩人不得不分離，而「一個工作一個當學生」就是另一種關卡，我終究也在這個關卡前敗下陣來。

如今，Iris是和她的新男友同遊澎湖，她說：「菊島的美景，雖然不再有Ben的身影，卻有著CC溫暖的陪伴。我決定好好珍惜CC，把握我們相處時的每一天，直到他倦了想走為止。」

每段戀情，不見得都能順利走向永久，我們能做的，就是珍惜每一次的當下、小心呵護著對方；如果真有一天必須結束這段關係，也能在彼此的回憶裡，拋開愛恨情緒，感謝對方曾有過的真心相伴。

2003/8/1

情人與天堂

　　我曾經以為，兩個相愛的人，唯一需要的僅僅就是那份愛，只要心相牽繫，那怕身相隔離，也能擁有彼此。

　　我後來認為，除了兩人的心在同一個頻率跳動，相愛的人還必須擁有對未來的共同願景，兩人必須願意互相支持對方的理想，以憧憬天堂黏著彼此，這樣的結合，會比僅有相愛來得牢固。

　　然而，在一段關係中，究竟誰該追隨誰去呢？

　　也許妳很愛某個人，但是他要去中東工作，妳願不願意隨他去？或者他要去莫斯科留學讀書，妳願不願意跟他走？明日報個人新聞台「櫻花雪」台長說，只要她愛的人有上進心，而且經濟許可的話，她會拋下台灣的一切的跟他走，「我不嚮往別人的天堂，我只要待在情人的身旁。」

　　可能有個人，他對妳很好，很多事情都聽妳的，可是妳們的願景不一樣，妳有自己的理想要追尋，他有自己的夢想待實現，這時候誰該聽誰的？在主流社會裡，常常是女性犧牲自己的理想，追隨男性而去，並且以男性的成就為自己的成就。可是，男性能不能也以女方的理想為理想，追隨她而去呢？

　　常見的情況是，兩人或許相愛，但是夢想大不相同：也許彼此的工作時間作息無法配合協調、也許兩人的工作內容有重大歧異衝突、或是不被對方認可這樣的職業，於是，總是有一方因為「愛」而做出退讓，卻因此傷害了自己的專業。

　　朋友小菲說，婚前她會去看舞台劇或各種舞蹈劇，但是先生和她的興趣不同，他喜歡打電動，又要養家中老小，所以小菲把這些興趣全都隱藏起來，完完全全的與自己的興趣隔

絕，「那段時間真的超痛苦......後來習慣了，雖然現在還是很想要去看，可是想到全家只有先生在賺錢，我就不敢去。」

在人生的旅途中，如果能兼顧情人與天堂，那該有多好？今天想點播伍思凱與優客李林合唱的「有夢有朋友」，「夢想在左手，朋友是右手，未來才會變得有看頭⋯⋯明天的天空，因為有夢有朋友，心靈的翅膀才能飛得久。」

2003/7/5

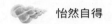

動不動就說愛我

「為什麼常常有男生跟我認識還不夠深刻就對我表白啊？」朋友小雲不解地問著。

小雲到外縣市念書時，就曾經有同鄉的網友想跟她「以結婚為前提展開交往。」當小雲有了男友之後，每隔一陣子就會有不同的男同學問他：「如果妳沒有男朋友，妳會不會喜歡我？」也曾有學長事先沒打聽好狀況就對她獻殷勤，常常傳曖昧的簡訊給她，一直到小雲明白對學長說「我有男朋友了」為止，這段期間，這位追求者剛好成為小雲用來「威脅」男友的利器，當男友知道有疑似競爭者出現時，「他那幾天都對我特別好、特別聽話！」

或許有人會認為，小雲一定是一位臉蛋漂亮、身材很好的女孩子，所以才會吸引這麼多男孩子的追求。但是很抱歉，小雲一點也不覺得自己好看，她對自己的身材也不太有自信，A罩杯的她，上回去拍藝術照時，有個身體微向前傾的姿勢，結果禮服的罩杯無法與身體貼合，照片上會看到陰影存在，據說，她男友在現場時很想動手幫她調整一下衣服，讓那個陰影不要那麼明顯，但是他不敢在眾目睽睽下動手。

小雲的經歷讓我想起另外一位朋友小梅，她大二時曾生了一場重病，躺在床上氣若游絲，成了一位溫柔婉約的姑娘，學弟去探望她時頓生愛憐之心，於是鼓起勇氣向她表白。小梅說：「學弟根本沒看過我不生病時候的樣子，不知道我的真正個性就對我表白！真是……。」看來男生的「莽撞、盲動」的確讓女生無法接受。

還有位朋友問我：「男生是不是都喜歡溫柔的女生啊？」我的回答是：「伸手不打笑臉人，」沒有人會無緣無

故去討厭一個溫柔的女生，但是每個男生喜歡的女生特質不一樣，需視個案而定。有些男生心裡已經設定了種種「擇偶條件」，那個條件才是促使他會不會對妳展開行動的關鍵，例如女生身高一定要超過165公分，或是學歷一定要大學以上，或是胸部一定要C罩杯以上等等，如果妳很溫柔、很漂亮、胸部很大，偏偏妳只有155公分，他還是可以把妳當成好朋友，但恐怕不會是男女朋友了。

回到小雲的問題，我沒能解答，只能說，也許喜歡上一個人需要一點點衝動，如果太理性，每個細節都要考慮清楚才表達愛意，那大概一輩子都不用表白了；或許小雲的某些特質觸動了那些男生採取行動的開關。

小雲則認為，可能是自己的個性還算不錯，上課時願意跟男生聊天說話，有些男生因此產生好感。而由於自己並不美，「要臉蛋沒臉蛋，要身材沒身材」，可見得男生不全然是「視覺型」的動物，男生其實也很在乎互動時心裡的感覺，如果兩個人互動良好，外表也還可以接受，而男方又有尋找伴侶的意願，或許在這個氛圍下，男生就會開始試探女方的意願了。

雖然我回答不了小雲的問題，我倒是想問：「到底男生要瞭解一個女生到什麼程度才能對她表白啊？」

2003/7/24

結婚的年齡

　　網友「結晶水」說，她姊姊半夜跑出去跟男網友見面吃宵夜，她的疑惑是，姊姊雖然超過25歲了，但似乎不必這麼急著找結婚對象吧！結晶水還發現，朋友們多半是因為「年齡到了」這個理由而結婚，難道不應該是「感情到了某一個程度」才結婚嗎？「難道年齡真的會促使人緊張起來？」

　　是的，從整個人類的歷史來看，結婚年齡的確有往後延的趨勢，古代人大約在18、19歲時就結婚，在我小時候，課本教我們，適婚年齡為男生28歲、女生26歲，但是等自己到了這個年紀，卻發現一些女性朋友是在31、32歲左右結婚，26歲就結婚的女生反而是「早婚」。

　　古代人壽命不長，經濟型態以農業為主，需要大量人力（勞動力）投入農事工作中，不管小孩大人都賦有生產的責任與義務（包括在家做家事、做工），小孩也被視為勞動力，早結婚早生小孩具有經濟上的效益，也是必然的現象。

　　在古代，女性原則上必須找一個經濟能力比自己好的男性結婚，以取得自己後半輩子的幸福，雖然男性通常會再娶細姨，但是大老婆自己沒有經濟能力，又能怎麼辦？只好等她進門再來想辦法「鬥爭」一番。而由於古代是「大家族」式的社會，一堆親戚住在一起，因此，女性帶過去的嫁妝多寡會決定自己在家族中的地位。

　　工業革命初期，兒童依然被視為具有勞動力，但是後來「保護兒童」的概念興起，世界各國紛紛禁止「童工」工作，而且要讓兒童受義務教育，因此，「生小孩」一事不再具有經濟效益，對許多人來講，養育小孩的過程甚至是一種負擔。

到了20世紀末期，愈來愈多女性受教育，並且投入職場，女性有了自己的經濟自主權之後，不再像古代人一樣，只能倚賴原生家庭、丈夫或結婚後的新家庭來維持女人的生活所需。因此，在現代社會，擁有經濟自主權的人並不急著結婚，如果連婚姻都失去了經濟效益，更遑論生小孩的急迫感。

　　那為什麼還是有那麼多現代人渴望愛情或走入婚姻呢？

　　首先，愛情依然是人類社會普遍的現象，感情的互補與灌溉，讓兩人的心靈不再空虛；而愛一個人到了某種程度，就會希望跟他變成男女朋友，到了下一個階段，就希望透過婚姻確認兩人的關係。在中古世紀的歐洲，如果有人突破階級、經濟、種族的藩籬，決定跟一個「門當戶不對」的人相愛並結婚，我們會以「浪漫愛」這個詞彙來形容這種關係。

　　其次，人類終究與動物不同，不太可能每天與不同對象「一夜情」，人類社會仍然要透過法律來確認兩個人的關係，婚姻可以規範夫妻兩人在法律上的權利義務、性行為與感情（？）的互相獨佔，我是妳老公，所以我只能跟妳有性行為；台灣的法律就規定，「通姦罪」必須以抓到當事人有發生性行為的證據才能成立。

　　再者，由於孕育胎兒的載體是女性，如果女性有意願生小孩，或是因為某些生理狀況（例如子宮內膜異位）必須透過懷孕來解決問題，當事人當然就會考慮在生理上的「適合懷孕」年齡結婚，畢竟，高齡產婦「老來得子」有一定的健康風險。再者，就算是以未婚生子的方式來改善身體體質，在現代社會當一個未婚媽媽仍然需要很大的勇氣，經濟上是否許可也是個問題，畢竟不是每位女性都有殷琪的經濟實力，對普羅大眾而言，婚姻至少可以確認孩子的爸也必須負擔養育小孩的責任。

最後，人類社會文化與價值觀的演變原本就是緩慢的，身處在當下，不見得能看清社會趨勢的變化，因為我們自己就是「寫歷史」的當事人。而這也是所謂「代溝」產生的原因，老一輩的人倚賴自己的價值觀做出判斷，以為小孩年齡到了就該結婚，甚至擔心女兒學歷太高會嫁不出去，媳婦可以不上班，卻一定要做家事；但是社會觀念正在悄悄變化，男生學歷太低或沒錢可能沒人要、滿腦子股票名車卻不會做家事的男生也會被唾棄。

再回到「結晶水」所提的問題，我認為，在現代社會跟網友見面是件正常的事，姊姊應該也是位理性的人，不會輕易在半夜跟不夠熟的網友見面（除非她另有所圖，那就替那位男生擔心一下吧！）畢竟，網路是虛幻的，透過實體世界的互動，才能多方面瞭解對方；常有人說，如果要測試兩個人的友誼，不妨一起去旅行，因為在陌生的環境中，人們會洩漏出真正的本能反應，戳破自己平常包裝得很好的外表，那才是真正的自己。

年齡當然會讓人有結婚的壓力，但是「年齡到了」不應該是結婚的唯一理由，結婚是一項龐大的家族工程，就算是未來的婚姻路裡只有兩人攜手同行，婚前也應該考量清楚，眼前這個人的某些特質，我在婚後真的能接受嗎？就好像《慾望城市》影集中，夏綠蒂一心一意想結婚，而且很想生小孩，朋友都勸她，婚前一定要先「試用」過男生行不行再決定，夏綠蒂不依，結果……。

2003/7/9

一路平安

妳要出國了，我不會，也不能去送你。

現在的我，坐在電腦前，隨意瀏覽著網站，無意間聽到電影《我的野蠻女友》主題曲的midi，想起當年妳邀我一起在某個網站寫「時空蛋」，開蛋的時間由我決定。

那時候，我還沒看過《我的野蠻女友》，不知道電影所欲呈現的意義，只覺得好玩，好像在跟未來對話，我小時候也曾寫信給一年後的自己。因此，跟妳比起來，我寫的內容比較少。開蛋的時間點是今年七月，現在再來看妳寫的內容，仍然覺得溫馨；有些朋友，不需要天天聯絡，彼此都有各自的生活要過，卻知道對方不曾遺忘自己。

我們都希望這種互相打氣、彼此交心、鼓勵的友誼能一直維持下去，沒想到，時空蛋寫好沒多久，我們就遭逢了一大困難，必須完全中斷所有形式的聯絡。幾個月後再相遇，竟然在網路上吵了一架，說實在的，把話攤開來講很痛苦，卻也很爽快，這總比悶在心裡自行揣測對方在想什麼要來得好。

後來，我大人有大量，決定先開口跟妳求和，妳的生日也快到了，正好是個表達善意的適當時機，幸好妳也大方地接受了。

我們究竟是怎麼認識的呢？回憶那年夏天，如果我沒有避開老闆的監視、而妳沒有放縱好奇心，乖乖做著我們的身份該做的事，不去某個網站，或許我們就不會相遇；但，兩個掙脫規則束縛的人就這樣遇到，也許是偶然，也許是冥冥之中的選擇。

當時，妳是少數透過視訊看到我穿白色無袖內衣、看過

我房間的網友，我後來把視訊搞丟了，怎麼找也找不到，奇怪，我不曾把它帶出房門，但是它就這樣憑空消失了，只留下孤單的包裝紙盒。命運彷彿刻意要讓記憶凍結在那段時空，那段日子不曾出現在即時通的人，注定無緣見我一面，聽我一曲。

如今，我們已經許久不曾用電話聯絡了，前幾天，講了短短幾秒鐘的電話後，妳在MSN說我的嗓音聽來萎靡，不再性感。我只能苦笑，聲音反應一個人的生活，這段日子裡，我雖然不再替往事傷悲，卻仍然憂愁未來的歲月。

妳說，妳堅持要學手排車，將來要做個駕馭速度的車主，這是妳青春年少的夢想，雖然我們再見面的困難度極高，但我相信，總有一天，我會以友人的身份坐在駕駛座旁的位置，看著妳開手排車，這是我老成真摯的期盼；當風吹過車身，景物向後飛逝，我偏著頭，用似笑非笑的表情欣賞妳這位操控速度的飆車族，再看看碼表，我會很鎮定，只是把眼睛睜得大大的。

妳在時空蛋裡說：「我們要珍惜這份友誼喔！還有，一起為各自的未來努力，互相加油！」是的，在未來的日子裡，我必不再憂愁，我將自信、自在地過好我的生活，希望妳在國外也要專心讀書，多吃一點，不要為了省錢或減肥就吃得很少，這點是我最操煩的；相信我，縮小腹要靠運動而不是靠節食。

妳還說：「不知道在打開時空蛋之前會不會有啥事發生，但我相信在那天之前我們會建立很好的友誼。」回憶多麼美，我知道我們之間不是愛情，不過，我仍然要點播張艾嘉唱的《愛的代價》給妳，祝妳一路平安。

2003/8/13

傾聽與訴說

揮灑烈愛的青春

「雖然現在仗著年輕不想生小孩，但萬一將來有一天想要有親生的小孩怎麼辦？」聊到婚姻話題時，朋友這樣說著。

自從看了電影《少女小漁》後，「人都會老」的事實便深植在我的腦海裡，馬利歐雖然已婚，卻跟老婆聚少離多，偶然相聚便跳舞、用餐和做愛；採訪與寫作是馬利歐年輕時的專長，老婆埋怨他太有理想，橫衝直撞，還因為反戰被抓去關，害她過了三年有名無實的夫妻生活。

可是，當外來者小漁進入馬利歐的生活時，小漁的友善和階級地位，讓馬利歐從原本的自怨自艾、自暴自棄，轉變成想靜下心來寫第二本書，重燃夢想。而當馬利歐垂死之際，他躺在床上說：「如果有一天我需要一個朋友……」小漁馬上握住他的手接話說：「Yes, Mario, I am your friend, I am always your friend！」這種真摯的情誼令人動容。

每個人都曾年輕過，那是一個可以任意大鳴大放、講話不怕得罪人、恣意揮灑青春、徹夜不睡，隔天卻還能精神飽滿的歲月。那樣的身體與青春，自由奔馳於天地之間，逍遙自在，不願接受束縛，不在意流逝的春光，也不肯輕易拘泥於一位伴侶。

可是，誰是聽眾呢？誰會是那專注傾聽你說話的對象呢？誰會在年老時激勵你的夢想呢？

聽眾其實很多，尤其在網路時代，人人都可上網書寫、抒發心情，不認識的網友出沒留言，雙方噓寒問暖、禮尚往來，更熱絡的，也許會約出來見面。除了生活上的互動，有

時也會遇到在心靈層次共鳴的朋友，他看懂了妳文章背後蘊含的寓意，看出妳在文章裡埋設的伏筆，並且加以拆解，於是妳會很高興遇到對手，一個懂妳的人出現了。

不只是網路，在這民主與資訊匯流的社會裡，許多互不相識的陌生人在各種空間接觸碰撞，也許是電話另一端的客戶，也許是網站裡出現的網友；只要保持開放的心，人們不難交到「朋友」。

可是這樣的朋友關係能維持多久？兩人又能相知相惜多久？他懂妳的心，妳懂他在想什麼又如何？雙方可不可以進化到「不只是朋友」？

親密關係的轉變

台大社會系教授葉啟政為《愛情的正常性混亂》中譯本寫序時表示，在當代社會裡，「關係的界定頂多是隨著兩造雙方的意願而遊走，這很自由，但卻喪失了生死連帶與共之相許所內涵那種具『命定強制』性的強烈情操。」

葉啟政說：「愛情不再是責任的相互期許與生命共同體的營造，而是永遠停留在『現在』當刻，以相互吸引的狀態，激發慾念能量的相互消費。……對於愛情，人們只要求獲得愉悅，除此之外任何負擔支付都不願意，更不用說願意承擔或分享長期痛苦的煎熬。」

這是因為「世風日下，人心不古」所造成的嗎？不是的，相對於古人，我們現代人的生活形態包括愛情模式之所以會「活在當下」，並不是我們獨立的個體意志所能控制的。

《愛情的正常性混亂》這本書的作者指出，在當代資本主義社會裡，夫妻都必須進入勞動市場工作，而勞動市場的內在邏輯要求夫妻雙方優先考慮自己（要先確保自己的工作，其次才是伴侶或小孩），也要求完全機動的個人（隨時接受

公司指派調動部門或到國外出差），使得人們表面上「追求自我、追求自由」，但這個「自我與自由」其實是個被資本主義籠罩的自我，且這樣的人生觀會使得當代家庭模式無法調和「兩個都是勞動市場的生命史」。（小孩誰帶？）

因此，那些能在經濟上照顧好自己，並且有能力累積財富的人會受到讚揚，也會被視為是談「散發美味麵包的愛情」的好對象。

也因為麵包與愛情在當代社會是如此地難以兼顧，在尚未進入婚姻狀態前，有許多人的關係發展成為紀登斯（倫敦政經學院院長）所說的「純粹關係」：「當個人不為任何外在原因，只為了藉由和他人之間某種持續的關係而獲益，且只有雙方都覺得這個關係帶來足夠的滿足時才維繫這個關係。」

用白話文來舉例，就是「每當妳在辦公室（或課業或人際關係）受挫折時，妳最想打電話給誰訴苦？妳最想跟誰吐露妳脆弱的那一面？」而這個接到妳電話（或email）的人，同樣願意說出他的不安與脆弱，且你們之間不會只講一次電話就從此不聯絡，並且在談話交流過程中都得到某種釋懷與滿足，那麼妳跟這個人的關係就是「純粹關係」。當然，也許妳有很多「純粹關係」的對象，且不一定是異性，也有可能是0204電話另一端的聲音也說不定。

純粹關係與匯流愛

在古代，當妳跟某個異性有「純粹關係」時，就好像手被異性碰到，那個人可能就是妳唯一的婚姻對象了；可是在當代社會裡，人際網絡的複雜程度已非古代所能比擬，而且，現代人常常面臨一個困惑：「你我到底算不算是一對戀人？」「他跟她到底是什麼關係啊？」

　　紀登斯在《親密關係的轉變》這本書中指出，相對於古典的「浪漫愛」，現代社會已發展出「匯流愛(confluent love)」的型態，匯流愛認為感情的付出和接納必須平等，「雙方願意向對方坦承自己的關切和需要（以及本身的脆弱）到什麼程度，匯流愛就能發展到那個程度。」要注意的是，匯流愛不一定是一對一的，「純粹關係之所以能維持，是因為雙方都認定在這樣的關係中能得到好處與滿足，值得持續下去，直到有進一步的通知為止。」在這種關係中，如果獨佔（包括情感與性）有其地位，也是因為雙方都認定彼此獨佔很好也有其必要。

　　換句話說，現代人可能有很多位具有「純粹關係」的好朋友，有人跟妳在心靈與生活議題聊得來，有人聽得懂妳的專業術語，有人跟妳的性關係很棒等等。當然，也許妳覺得遇到某個這麼讚的人，應該要獨佔這段關係，而對方也同意，於是兩人便有了「名分」，若有其他人介入，那個人就會被視為是「第三者」。

　　可是，在確認彼此的關係之後，要如何讓兩人持續維持美好的狀態呢？或許可借用葉啟政教授的主張來解答，他認為，「人類的關係運作之所以顯得美而真，有一個基本的情操元素一向被認為是不可或缺的：這個元素就是帶著謙虛色彩的感激心理 ─ 基督教文化之下，管稱博愛；佛教的字典裡，稱之為慈悲；用儒家傳統說法，習慣叫做仁慈；而道教的語彙裡，則可以說是謙沖。」

　　在兩人世界裡，如果有一方總是高高在上，霸道地做出決定：要不要避孕，要不要有小孩，家裡的錢怎麼管，則這段關係遲早會過於緊繃而斷裂。如果有一方總是故做堅強，不敢坦露自己的需求與脆弱，這樣的關係也會失衡。

　　當兩個人從純粹關係進入互相獨佔的階段，應該就是死

生與共的承諾與期許了吧！可是，為什麼社會上還是那麼多
夫妻離異與外遇事件呢？這個問題太大，而我的人生經歷還
不夠，無法簡單地討論這個議題。《愛情的正常性混亂》這
本書的作者指出：「傳統的婚姻與家庭並不就代表限制，而
現代的個人生活並非就是自由。」

　　不妨想想，心態再怎樣年輕、身體再怎樣硬朗的人都有
走入暮色的一天，在年輕歲月裡揮灑過多的烈愛，處處留情，
又能換來多少傾聽的耳朵？

　　《傾聽的耳朵》作者masa在〈愛莉世代。〉一文中就
說：「畢竟，無論一個人擁有了多少，成就了多少，在夕暮
人生裡，也只想靜靜地挽著另一個人的手，緩步在月夜下。

　　說說彼時曾經的年輕稚嫩。

　　談談在長長的一生裡，兩人究竟走過多少蜿蜒，又領會
了多少美好。原來，在所有的悲歡底下，我們都渴望訴說以
及傾聽。

　　那是一個人無法單獨到達的境界。」

　　人生多無奈，際遇難安排，當遇到了一雙願意認真傾聽
的耳朵，請你一定要好好愛惜對方，也要珍惜自己，不要遇
到挫折就想跳樓；應該要承擔分享彼此的脆弱與痛苦，共同
焠練生死與共的情操，讓雙方都在被愛中直到髮白。

2003/10/2

心定

妳要結婚嗎？

　　前幾天參加小型同學會，政治系比較政治組的我們，一邊喝咖啡一邊聊著其他聚會不太會聊到的話題：政治。

　　明年總統大選阿扁會不會連任呢？選民的投票行為是議題取向還是候選人取向？在選民心中，會因為失業和景氣不佳等因素就把怨氣出在現政權上面嗎？喊出制憲、公投與國會改革的口號，能不能為執政黨鞏固選票呢？各機構所做的民調，可信度如何？

　　聊著聊著，Apple說她明年一月結婚，男友是高中時代就認識的，畢業後雙方各自有所發展，後來又重逢，下次同學會就相約在她的婚宴上吧！熱愛登山的黑熊則預定明年四月結婚，女友是大學時在登山社認識的，走過多年穩健的步伐，終於要攜手踏上紅毯。

　　阿偉也說他打算明年就結婚，「我想定下來了。」

　　聽到阿偉這樣說，眾人莫不睜大眼睛，「你也會有想定下來的一天？！」

　　服役時軍種是憲兵的阿偉，有著高挑俊瘦的外表、深褐色的肌膚和專屬男人的臉部線條。在我的印象中，異性緣不錯的他對婚姻並沒有太高的渴望，在感情的洪流裡，合則來，不合則去，頗有「不在乎天長地久，只在乎曾經擁有」之風，沒想到他竟然也會有想結婚的念頭。

　　「當年紀愈來愈大，我的心也跟著柔軟了起來，」阿偉解釋，「以前，我的心很堅硬、很狠心，說分手就分手，不會有第二句話，也不會挽留。可是，現在的我卻覺得，不應

該再耽誤對方的青春了。」

是念頭轉變了吧！是心變得柔軟了吧！還是，在這個時間點遇到適合的對象了？

關於相遇

前幾天和黛兒通電話，我曾經在自己的新聞台轉載她寫的〈關於【窄門】的故事〉，窄門是台南一間別具特色的咖啡店，承載著許多人青春年少時的愛戀記憶。黛兒目前正在南部念研究所，她說：「我新交一位男朋友，是你附中學弟喔！」

附中是一所奇怪的高中，學生畢業多年後，就算互不認識，只要知道誰誰誰也是附中人，就會瞬間拉近彼此的距離。不過，我比較好奇的是，這位學弟是如何贏得黛兒芳心的？

「也沒什麼，我們第一次單獨兩個人去看電影後，他對我說：『我要告訴妳一件事，我發現我開始喜歡妳了，妳不喜歡我沒有關係，但是，我會一直對妳好。』而我回答：『好。我讓你照顧。』」從「朋友」蛻變成「男女朋友」的過程越是簡單，其實越是有深刻的心靈積累。

黛兒一個多月前才結束一段戀情，加上考取研究所，來到新環境之後，一切都還在適應，原本沒有打算再談戀愛，卻在和他相遇之後有了變化。而他，新學期開始進入論文完稿的最後階段，為了衝刺論文，他在同學間信誓旦旦「論文未成，絕不交女友」，沒想到竟然在遇到黛兒後破功了。

黛兒說，在他身邊會有安心、快樂、自然、舒服的感覺，兩人之間有一種熟悉感，不用太多的言語就能瞭解彼此，男方懂得黛兒的心，知道她在想什麼，可以看到她心裡有個小孩在哭泣。「雖然才交往一個星期，感覺卻像是認識了幾十年，有種很莫名的熟悉感。」

　　此外，兩人之間還有一種安穩感，也許是家庭環境與成長背景的相似性，黛兒會自然而然地主動對他吐露心事，訴說從小到大的生命經歷，電話從黑夜講到天明，心情也跟著穩定了下來。

　　他懂她，她也懂他，累劫以來的曲折遭遇，是為了讓兩個人在相遇的那一刻吸引彼此，如果沒有相似的成長背景以及種種傷心憔悴的經歷，他不可能聽懂她心裡的歌，她也無須對他訴說。黛兒原以為在上一段戀情結束後，又要過飄飄盪盪的流浪生活了，但是在遇到他之後，「終於明白，之所以耗費所有的青春，讓心被挖出深邃無底的一個洞，只是為了容納，從今而後，你所給予的一切。」只要從今開始懂得珍惜，那麼，從童年到成人所承受的種種命運，都是值得的。

生命中的「一致性」

　　我為黛兒以及即將結婚的同學們感到歡喜讚嘆，他們並不是處於「曾經交心就非常值得」的階段，而是遇到了懂得對方的心的另一半，並且進入願意付諸行動呵護彼此的安定境界。

　　年輕的時候，我們並不明白自己為什麼會有這些遭遇？為什麼要吃這樣的苦？到底，前世的妳我做了些什麼？今生還要經歷多少曲折？未來，會有坦途嗎？

　　直到遇見了真正懂我的另一半，過往的苦痛折磨似乎都有了解答，「都是有故事的人才聽得懂心裡的歌」，那被淘空的心，原來是為了容納此刻的相遇。

　　或許，人都是會長大的，在對的時間遇到對的人之後，心中的小孩終究要蛻變成大人，心境也將轉為坦然安定，正如阿偉說的：「年紀愈大，心也愈柔軟。」因為，有另一半看到妳心中的小孩，而妳，願意和他心裡的小孩握握手。

那樣的懂得，不是靠模擬而來，也不是單單憑著同理心就能真正理解，而是雙方長期以來各自的「一致性」：在遇到妳之前，我就是這樣的人，遇到妳之後，我依然如此，我不是為了接近妳而刻意調整我自己，而妳亦然。

　　妳是否也曾遇過能讓妳自然吐露心事，並且安心展現妳真實面貌的對象？我總相信，每個人縱然有過再多的舊戀情，只要遇到了相知相惜的對象，就不必為那些未完成的失落、或不知道「他是不是還喜歡我？」的錯過而感到遺憾。在生命中遇到這樣的人，請務必珍惜當下的美好、穩健踏實地攜手經營對未來的願景，這會比猜測選民的投票行為容易得多了。

2003/11/13

春欲綻放

「這種感覺，大概就是我的發情期吧！」

妳說，這幾個月以來，位於下方的子宮蘊含著一股生之欲望，體內有一種力量在跳躍，讓身心都綻放著渴望生育的氣息，那種感覺，是想「生」小孩，而不是「養」小孩。

我說，我無法體會那種生之欲。我當然願意親近小孩，那不是去「養」一個小孩，更不可能是「生」小孩，只是一種貼近碰觸的親暱感。對男人而言，所謂欲望，應該就是性吧！

這段對話讓我想起了白天的公園。正午時分，陽光直射，咖啡色的蝴蝶在池畔的花草間飛舞穿梭，其中一隻停留在橘紅色的花蕊上，盡情地吸取蜜汁並散播花粉；我拿起相機拍攝，受限於鏡頭，我必須逼近牠，空氣因我的挪動而產生了氣流，緩緩地在我們之間流動，牠似乎不懼怕，也不想走，陶醉在採蜜與散播花粉的本能中。

我不知道蝴蝶用牠吸管式的「嘴」吸取蜜汁時的感覺，正如牠無法得知自己被底片捕捉時，所帶給人類的興奮與快感，牠只是憑著本能自在地吸食與飛翔。

許多感覺不是男人所能心領神會的，那必須是女人才有可能真正去經歷、去感受；男人再怎麼扮演「新好男人」的角色，也不可能在生理上潛越成女體，宣稱自己可以神入似地理解女人獨有的細緻覺知。

日本作家柳美里在真實故事《命》一書中，是這樣描寫自己如何感應到懷孕這件事情的：「

我在微明的曙光中醒來。

既不是像往常那樣作了惡夢，也不是因為睡得不好；彷

彿也不是被什麼聲音或是尿意催醒的。我感到自己身體裡面像是發生了某種微小的變化，可能是自己的身體在無意識察覺到什麼而醒過來的吧。」

哲學家說，生命的開端就是邁向死亡。

而妳說，經歷長期以來的蠢蠢欲動，妳清醒了，理智的成分變濃了，開始冷靜思考妳跟他的關係了。畢竟，妳的心量很寬廣，行動力很強，五湖四海都有可能為家，無法這樣靜靜地等待他的回音；妳已經擁有一對翅膀，卻等不到他陪妳飛翔的諾言。於是，欲念已經冷卻了，「死心還需要一段時間。」

掛了電話，我從木褐色的書架上拿起一本蝴蝶入門書，書頁裡記載著：「蝴蝶從幼蟲、蛹到成蝶的整體生命週期很短，至多半年；成蝶的壽命更短，例如紋白蝶只能活六天左右。」

這樣的轉折，我能懂，非關性別，不分物種。

2003/11/28

人之有患　在於有身

　　小時候讀過張曼娟的《緣起不滅》，從書裡學到一個概念：「人生識字憂患始」，今天再從南方朔《世紀末抒情》中讀到「人之有患　在於有身」一詞，在文學家的筆下，人的苦惱折磨來自於有形的文字、語言與形體。

　　前幾天騎車行經忠孝東路六段某巷口，當交通號誌由紅轉綠時我自然而然起步向前走，但是前面那台機車要待轉，於是我必須不斷煞車配合他的慢速，到了第三次應該煞車時，我終於忍不住還是撞上他了，陌生的青少年回頭瞪了我一眼又繼續騎，而我也直行不理他了。

　　生命，充滿了衝突，因為有太多的阻礙與不順遂。你想三年寫完論文畢業，卻因為種種困頓難以如願；寫論文，會想著沒有收入，有了工作，會掛念未完成的論文。老天！何時才能停止這種種懸念？何時才能自由自在不理會別人的眼光走自己的路？或者，何時才能放下我執，不要在意他者對你的評價？

　　捨棄形體的欲求與享受，斷絕透過文字語言或身體與外界溝通，轉向內心追索探尋，讓意念自我開展，自己逼問自己，問到山窮水盡處，方能理出一個頭緒，方能定下心來梳理紛亂的情緒，答案，在此刻才清晰堅定地浮現，種種困惑煩惱也才能在此時得到安息。

2001/1/22

貳　心遠地自偏

阿金的筆

鋼珠筆

謝麗金在她的電子報《阿金日記報》當中提到:「我發現大部分好看的筆很難寫,

好寫的筆都不怎麼有趣,好看又有趣又好寫的筆通常是善解人意的設計師所設計,但賣價昂貴的筆。但寫完後卻還得特地到指定的地方換筆蕊,真麻煩。」

「直到現在,我最愛日本製PENTEL出產的,0.55mmHybird的黑色鋼珠原子筆,其次是Pilot Japan的0.3mm的筆,但缺點是細了點,我喜歡這兩款筆,長相規矩兼無趣……」

我常用的筆的順序剛好跟她相反,最常用的是PILOT 0.4mm,藍色的,也曾經嘗試使用0.3mm的,但真的太細了,很怕一用力,就寫壞鋼珠;其次是Hybrid, 不知道尺寸,黑色的。

大約是大四那年開始用這兩個牌子的鋼珠筆,一直延續至今。為什麼挑這兩個牌子的筆來寫?理由跟阿金很類似,就是它比較不會斷水。原子筆很容易斷水,甚至寫一陣子就寫不出來,有些筆外貌長相很好看,卻不好寫,寫出來的筆畫太粗了。

當兵的時候也是用這些筆書寫,迷彩服的上衣口袋裡插著PILOT 0.4mm,「莒光袋」裡放著黑色Hybrid,用來寫每週一次的莒光日記,以及業務所需的簿冊。如果有人跟我借筆,還真有點捨不得借,PILOT一支五十元,筆心三十五元,對月薪五千五的阿兵哥來說,能省就省。

鉛筆

除了鋼珠筆，今年六月起，我開始購買鉛筆，是在逛誠品公館店（還是台大店？）時買的，很偶然，沒有什麼特別的理由，可能只是懷舊吧！這支HB硬度的鉛筆要八元，如果讀者有逛過我的某個網站，就可以在首頁見到那枝筆，是我自己掃瞄的。

我懶得用刀片削鉛筆，也削不好，於是跑去某家有附設文教機構的連鎖書店買削鉛筆的「工具」，不是削鉛筆機喔，而是用來削鉛筆的「孔」，裡面有環狀的刀片，不過這種工具只能削出頓頓的筆尖，於是我又跑去後來傳出財務危機的連鎖書店買削鉛筆機。

當我千里迢迢把削鉛筆機帶回家時才發現，裡面竟然住著一隻灰白色的蛾，幸好牠沒有展翅飛來飛去，只是一動也不動地停在裝屑片的盒子裡，更奇怪的是，削鉛筆機的零件在拆開包裝的那一剎那全散了開來，裝不回去了，當下就決定把這新買的削鉛筆機丟掉。

但鉛筆還是要削啊，於是我跑到第四家分店數目最多的連鎖書店，終於買到一台沒有蛾住在裡面的削鉛筆機。

文化產業與附加價值

目前我手上的紫色鉛筆有著英文商標，我忘了在哪裡看過一篇文章，內容是說，有些日本製造的產品會採用英文或法文的商標，一般消費者並不知道自己所購買的「西洋貨」其實是「東洋」的產品，這些產品並不是歐美廠商找日本代工，而是日本本土生產的，但是冠以西洋風貌，如此一來可刺激對歐美品牌有興趣的消費者購買，如果一看就知道是日本產品，可能吸引不到這群消費者。

　　不少前輩指出，面對全球經濟新局面，提昇產品的附加價值、引導產業結構轉向文化產業是台灣值得一試的出路。

　　經濟部長林信義接受訪問時曾說：「製造業是台灣的專長，但是依靠低工資是無法與低開發國家相比，所以一定要提高附加價值，利用創新價值，所謂創新不是將售價壓低，然後找低工資的地方製造，因為壓低工資的成本很快會被趕過去。……成本降低也是競爭條件之一，但卻不是利潤的主要來源，更重要的是品質、服務、物流，才是競爭的條件。若不是從生產、品質走出獨特性，也要從服務的獨特性去做。」

　　什麼是附加價值呢？舉例來說，一張「XX縣街道地圖」可能只能定價五十元，但「XX縣觀光地圖」卻可以定價九十元，一本「XX縣旅遊指南」定價兩百五十元，但加上一片光碟片則可以定價三百五十元。對一項「原料」添加資訊或賦予品牌價值，對生產者而言，這些加工所增加的成本可能沒多少，但是賣給消費者的價格卻可以大幅提高，超出邊際成本，這中間的差價即是「附加價值」所帶來的利潤。而所謂降低成本的作法就是減薪、裁員或減少地圖紙張的磅數等等，「提高附加價值」比「降低成本」所帶來的利潤更多。

　　然而，一項產品應該朝那個方向增加附加價值呢？

　　劉大和先生提到：「知識經濟的時代別忘了感性消費和符號消費—也就是文化產業的重要性。」「在富裕社會，文化必然成為產品特殊性的重要部分。對文化內涵的轉化與運用，成為種種外在具體的表現形式，使他能夠成為眾人所喜愛，進而為原本的產品強化顧客認同或是提高附加價值，這就是我所謂文化產業也是知識經濟的原因。……當表現的原型獲得人們喜愛時，便可以大量複製，往往規模越大，邊際利益卻遞增。這就是文化產業的重要性之一。」

當我看到這段話，第一個聯想到的例子就是誠品書店，在誠品之前，台灣不乏大型連鎖書店，但誠品如何在環敵強伺中打下一片天？誠品的木製裝潢、黃色燈光、各類藝術建築書籍、外文書籍等，在在創造出有別於其他連鎖書店的氛圍，雖然欠缺客觀數據佐證，但我相信，誠品必定開發了新的閱讀與逛書店的人口，也吸引了平常就喜歡逛書店的人轉向誠品，誠品的分店數目可能沒有其他同業多，但是許多人一提到書店就會先想到誠品，甚至以逛誠品為榮，在早期，想踏入誠品的讀者還會先整理一下服裝儀容，同樣是販賣書籍，誠品賣的不只是書籍，還有某種文化氛圍。

　　書店比較偏向內銷市場，賺的是本地人的錢，除了書店，台灣還有許多文化產業尚待開發或重新包裝，諸如電影、陶瓷、飲食、博物館、景點等等，若能輸出至國外或吸引外國觀光客到台灣消費就更好了。

2001/11/23

遊子傷漂泊

　　前幾天身體冷得緊，全身無力，並疑似扁桃腺發炎，媽媽出門幫我買西藥，吃過之後果然不冷了，腫起來的地方也稍稍消下去了，但是我的口腔內部仍然會痛，右下側牙齦及更深處總共破了十多個洞，舌頭右側破了一個洞，口腔右上側因為看不到所以不知道破了幾個洞，但是可以透過舌頭舔弄知悉兩側「皮膚」的感覺不一樣。

　　西藥吃完了，我決定去看中醫，並且去小時候父母常帶我們兄弟去的那家，那是一對年輕夫婦經營的診所，先生看診、把脈、看舌頭、用手電筒照喉嚨，寫下處方交給妻子配藥、調藥。

　　我在晚間七點多來到中醫診所門口，垃圾車的樂音正飄過，一位沾染白髮絲的婦女走出來準備倒垃圾，她還回頭呼叫先生出來一起幫忙倒，不一會兒，門口赫然出現一位頭髮幾乎全白的老先生。

　　我說我要看病，她微笑地要我先進去等，並要老公不要倒了，先進去看診。我坐下來，拿出健保卡，老醫師問我有沒有來過，我說有，「小時候！」他拿起我的健保卡，在病歷表上寫下我的名字，「你是林東璟啊！」「你還記得我嗎？」「當然記得！你們搬家了……」醫生娘倒完垃圾走進來，醫生直說：「妳看看他是誰？」醫生娘端詳了一下，回答：「林東璟！……你還有個弟弟林ＸＸ！」

　　搬離永和的家已經十二年了，上次給他看病更不知道是什麼時候了，十多年前還是小孩子，每次等藥期間，醫生娘總會給我們兄弟幾片粉紅色的梅子片（應該是這個名稱吧？）而他們也有一對年齡各與我們相差一至兩歲的男孩，似乎，

隱約間，雙方家長都會互相比較對方子女的學業、考上的學校。

「你們搬家後，你爸爸還是有回來，跟我們聊聊天，所以他頭痛的事我們也知道。」「我爸爸他……中風了。」「啊！？」「大約是一九九七年的事吧……」

我們熱烈地聊著，他們介紹兩個小孩的境況，老大在國內唸完土木後到國外念MBA，老二正在金門當兵。他們說，他們不會給孩子壓力，當老大唸完研究所時，他們願意繼續供應他上補習班，考土木技師執照，後來果然考上了，有誰會計較，當年他可是重考兩次大學呢！

眼前的醫師，頭髮已然斑白，不似壯年黑釉的模樣，小時候只能聽著爸媽與他們聊天，現在是我親自坐下來，與他們閒話家常，我總相信，父母如果懂得善待子女，將有可能培養出一個快樂且自信的年輕人。

搬家後沒幾年，這家中醫診所所在的街道成為著名的「韓國街」，聚集著數十家批發零售韓國服飾的店；現在診所的面積已經縮減一半，另一半出租給服飾店，小時候第一次看牙的診所、錄影帶出租店、機車行旁邊，由外省人經營的麵攤，我們常在那兒吃著炸醬麵，現在通通變成服飾店，偶爾還會有韓國文化節之類的活動。我兒時第一次踏入的中醫診所，幸還佇立在這。

當我拿起藥罐，向醫生夫婦告辭走出診所後，我的心理響起一首歌，伴隨著我騎車回家的路程，那是李叔同的「憶兒時」；眼裡，盡是白髮蒼蒼的醫生夫婦，還有多少人，願意來這被服飾店圍繞的中醫診所？而我的未來，究竟會如何？

2002/2/6

澎湖一日遊

　　第一次踏上澎湖，是參加大學的畢業旅行，四天三夜，留下種種夏日豔陽的回憶。第二度踏上澎湖，是因為服兵役，長達一年十個月左右，由於對徵兵制的厭惡，因此服役期間我從未帶相機去澎湖照相，只有在快退伍時跟同梯的合照幾張相片，雖無照片可供回憶，澎湖的春夏秋冬、星空夜語、生活酸甜苦澀卻深植在我心底。

　　第三度踏上澎湖是臨時起意的，這樣說也不太對，因為退伍後就時常想念澎湖的景色，總想找機會「回來」，但總是未能成行，對澎湖的思念像儲水中的水庫，蓄積六年飽滿的思念就要溢開，終於在年底憑著一股衝動，向航空公司確認隔天來回都有機位時，我在十二月一日搭著七點多的飛機飛向菊島。

　　飛機貼近澎湖時，可以從窗戶看到海中用金屬製成的「雙心石滬」，那是捕魚用的，漲潮時，魚兒游進心中，退潮時沒有離開心中的魚，就會被捕撈走喔！飛機滑入跑道時，我看到枯黃的短草，心頭微微一憾，原來，我記憶中美好的澎湖景色是屬於夏季的，多年來我已遺忘冬季，以為自己還記得，其實是忘記。

　　這次去澎湖，比較值得記載的是我終於回到講美一趟，昔日的營區與講美國小之間已經築起一道圍牆，營區官兵想溜去「娃娃兵小吃雜貨店」恐怕不再那麼方便了。我中午跑去雜貨店，想叫盤炒麵，但是正在睡午覺的老闆宣稱「今天沒買麵條回來。」於是我「依慣例」買泡麵泡來吃。

　　我在冬天被分到這個部隊，還是菜鳥的時候，我們常常在晚上坐在床前看著資深學長吃泡麵，在那冷風颼颼、人生

地不熟、舉目無親、地上盡是珊瑚礁碎片的寒夜，暖暖的泡麵、向上竄升的白煙、濃郁的味道，夾雜著學長吸食麵條所發出的窣窣聲，多麼想嘗一口！但我們終究還是不敢妄自行動，只能嚥嚥口水，深怕菜鳥要認份的緊箍咒上身。

吃完麵，我前往講美國小一遊，這是一所臨海的學校，全校僅六十一名學生，卻在二〇〇二年陸續拿下「中日軟式少棒邀請賽」、「全國軟式少棒賽」、「謝國城盃」、「第二屆亞洲少棒賽」四項冠軍，令人驚豔！常有人拿「紅葉傳奇」與「講美傳奇」做比較，但既然是「傳奇」，便意味著終有回歸平淡的一天，小孩遲早會長大，每個人都要為自己的生計而忙碌，如何透過制度設計長期栽培個別球員或是球隊，在「自我實現」與「為國爭光」之間取得一致性的聯繫，這才是傳奇之後，我們所該思考的方向。

去年澎湖的觀光業有點「流年不利」，在觀光旺季前後分別有客貨機墜落，令遊客卻步。我總認為，大型空難事件的發生，多半不是單獨的乘客可以事先預防的，如果只因為怕有空難就不敢前往澎湖一遊，那真會錯過難得一見的豐富景色呢！

我把這次澎湖一日遊的照片放在這個網址：

http://www.lazyday.idv.tw/ph2002/ph2002.htm

2003/1/20

逝

　　天冷微寒，夜深無雨，她亦沈默不語，點燈展書讀，雙腿盤踞在椅上，心煩，左手倚桌撐首，右手隨意翻動書頁，試著閱讀一句接一句，卻讀不進心裡。

　　山腰間，每週一次的口頭報告，是專屬研究生表演的的舞台，教授既是聽眾也是評審，在言語交錯中，出其不意拋出一個問題，像是敵軍攻進大後方，就看前線的學生如何回防。苦讀時不免抱怨，教授開的書單何以如此繁重難懂？就算將原文逐字譯成中文，串在一起仍不知所云？

　　除了課業，心頭的陰鬱之氣亦徘徊不去，那是多年累積下來的沈默苦悶，讓人不得不相信，福無雙至，禍不單行。從小到大，她對假日的記憶總是灰色的，小孩子的她，盤坐在永和狹窄小巷裡的公寓客廳，望著大窗，越過陽台、越過對面的公寓，天空，是灰黯的；她，可能是從街頭被喚回家的孩子、可能是等待被打的孩子、可能是等待父母吵完架的孩子、可能是預備被帶去「娘家」的孩子、可能是洗澡前必須坐著不動的孩子……她是個全身充滿規則制約的憂鬱的孩子。

　　鍾文音在二月號《聯合文學》中說：「我很小的時候，只要父母在家就會感覺不完整。不知何故只要沒有被注視的眼光，我就感到十分自在，擁有百分百屬於自己的時空。」

　　是誰，讓八歲的玉嬌龍懂得惡毒之心？又是誰，讓八歲的孩子懷著恨意長大成人？

　　玉嬌龍極其自負，攜劍走天涯，而她頗能理解「葵花田。微光密織」新聞台台長向日葵的心情：「人家常說，一個從小在缺乏愛的環境裡成長的小孩，人格常會扭曲變形，

因為小孩從小沒有獲得足夠的體諒、寬容與關愛、溫暖，他們長大之後會變得虛偽怪異，也喜歡逃避著他人的接近與親近，總是不敢將自己最真實、最黑暗的那一面表露出來，給他人看到……我已經習慣做我理想中想變成的那個人，或是想做到其他人希望我是的那一個人，卻從來沒有接納自我最真實的那個樣子。」

也罷，掀開CD盒蓋，放進友人推薦的《女人在唱歌》合輯，按下遙控器的隨機播放鍵，樂音不按曲目順序流洩出來，一首首女聲飄盪在獨居的房裡。群聲亂舞中，有首歌輕盈地牽動著她的思緒，像是一雙白色的羽翼，在藍色新店溪上空飛翔，瀟灑穿梭台北市區的高樓，只要歌聲未了，她不畏懼墜落。

那是雷光夏的〈逝〉，她純淨的嗓音唱著：「五月的風吹起／便是年輕的故事最瀟灑的註腳／你我就像散開在風中／飛揚的棉絮／註定要生生世世流浪在天際。」

書桌前，僵硬的身體竟也輕盈了起來，嘴唇跟著歌聲輕輕哼唱，手腦搖啊搖，讓她暫時忘了憂煩，但她知道，這只是暫時的解脫，下週的攻防依舊，已逝的，早已喚不回來。

有些關係，一旦錯過就不再，小時候得不到的，長大後再補償，已不是當年的滋味了。逝去的，是原本屬於童年甜甜的味覺，逝去的，是原本寬闊敞開的胸襟，逝去的，是不會再回來的親子關係。

2003/3/12

手榴彈

　　美軍101空降師有名士官引爆三顆手榴彈，造成美軍同袍一死十二傷，這個事件讓我想起自己當兵時有關手榴彈的回憶。

　　當兵前，我一直覺得很奇怪，為什麼學校裡有些高高壯壯的男生，他們在籃球場上虎虎生風，搶籃板比誰都還兇，可是卻不用當兵，莫非真有什麼隱疾外人看不出來？而我，身高不到一七〇，瘦瘦弱弱的，臂力超差，卻必須當兵。

　　不用說各位也知道，陸軍是一個相當注重體能的單位，新兵訓練或是下部隊之後，除了專業科目外，很大一部份時間是在操體能，跑步、扶地挺身、開合跳……不一而足，體能好、手臂力量夠大的人，在陸軍的生活可以比別人輕鬆一半。

　　手榴彈投擲就是一個相當需要臂力的工作，很不幸地，我從新兵訓練到退伍將近兩年的時間，手榴彈投擲從來沒有進入過「計分範圍」內，也就是說，我丟的手榴彈，會落在距離自己二十五公尺（甚至不到）的範圍內，測驗分數是零分。

　　在成功嶺受訓時，有一門課是手榴彈實彈投擲，實彈投擲場位在一座山谷旁，有十個小隔間，每間會有一位尉級軍官坐在旁邊輔導，協助新兵學生把真正的手榴彈丟到山谷裡。輪到我的時候，我當然也依照動作要領，坐在小板凳上，拉開保險拴，向外投擲，「咻～～」旁邊的軍官探出頭向山谷望了一眼，然後縮回來說：「你丟太近了啦！！」接著我們倆就趕緊低著頭、把頭埋在雙腿間，用雙手抱著頭上的鋼盔，「轟！」一陣巨響，塵土漫天飛揚，我終於明白，為什麼手

榴彈實彈投擲場要設在山谷旁，而不是設在平原高台上，因為，全營數百人在平地練習丟真正的手榴彈時，如果有人手臂力量像我一樣這麼差的話，現場死傷人數應該不只一死十二傷才對。

電影《搶救雷恩大兵》中，排長找了一名會講德語的士兵一起出發，這位士兵在軍中的業務是繪製地圖，找到雷恩之後，他們與德軍展開激烈的巷戰，很不幸地，這個角色不敢殺人，手中雖然有槍有子彈，卻膽怯地任憑自己的同袍與德軍搏鬥，最後他的同袍被一名德軍用刀子活活刺進心臟而死，許多觀眾看了都恨不得自己跳上螢幕去奪下他的槍殺敵，而這個角色除了激動落淚，什麼也沒做。

俗話說：「一枝草、一點露。」如果那位會講德語的軍人留在部隊繪製地圖，由其他勇猛剽悍的軍人到前線搶救雷恩，會不會比較恰當？每個人都有適合自己的一片天空，部隊如果把人擺錯位置，上了戰場，影響所及，將會是自己與同袍的性命。

如果有一天，我必須上戰場，我可以用步槍殺敵，但，如果要叫我丟手榴彈，那，大家還是先找掩護吧！

2003/3/25

防毒面具

美國攻打伊拉克之後，電視新聞報導金門的軍人也戴上防毒面具站哨，我看著畫面上戴著黑色防毒面具、手持步槍的阿兵哥，心裡想起自己當兵時有關防毒面具的「趣事」。

如果沒記錯的話，我所屬的部隊大約每月夜行軍兩次，由於我受過無線通訊訓，又在營部連，因此，每次夜行軍我都得揹著笨重的無線通訊器材「77（請唸成拐拐）」，跟在營長後面，擔任營長與各連之間聯繫的通訊兵。這項工作不太有人願意做，一方面要跟著營長走，一方面得全程揹著77，而且我和其他同袍一樣全副武裝，該有的裝備一樣也不能少，負責揹彈藥的人還可以輪流換手，而我得獨自一人扛下這項任務。

我們曾經向南夜行軍，該路線會經過兩座橋，走在橋上時，我看著腳下的黑色大海，那畫面像極了深夜沒有節目的電視，橫條紋的波浪就是雜訊，若不是聽到波濤的海聲，以及身在部隊中不得不前進推移的步伐，我會以為自己正在發呆看著巨大的電視螢幕。

夜行軍不只是走路而已，因為司令部會對我們「下狀況」，測驗部隊的應變能力。有一次，司令部下的狀況是「敵人施放毒氣！」而營長對各連下達的命令當然是「戴上防毒面具！」在我透過77傳遞營長命令之後，各連通訊兵也會依序透過手持的無線電對講機回報收到指令，對話內容跟電影台詞很像，就是「長江一號、長江一號，重慶三號呼叫，回答！」之類的。

在收到命令後，包括我在內的阿兵哥，就得手忙腳亂拿下鋼盔、抽出防毒面具、剝掉眼鏡、戴上防毒面具、戴回鋼盔，過程中要小心武器裝備不要掉了，或是被測驗官「摸

走」，那就準備倒大楣了。

在我們全副武裝並且戴著防毒面具繼續行軍之後，也不知道到底過了幾分鐘，司令部終於解除狀況，營長下令卸下防毒面具，各連也一一回報收到命令，我們終於可以不用憋在防毒面具裡行軍、呼吸了，那比戴口罩走路還麻煩，測驗官也很滿意的坐上吉普車離開。

這次到底是什麼事情「有趣」呢？就是解除狀況後，我們繼續未完的行軍路程，來到一個路口，長長的隊伍要過馬路，必須從右側跑向左側，營長站在道路中間觀看部隊前進，夜裡的澎湖沒什麼車輛，路燈倒是蠻明亮的，偶爾可見遠方海上船隻的燈光，天上的星星也伴著我們的步伐，從夜半到日出，輪迴一週。

離題了，這時，營部連、兵器連、一連、二連、三連依序過馬路，從營長面前通過，沒想到，三連的弟兄竟然人人都還戴著防毒面具！此刻距離解除狀況的時間起碼十分鐘以上了，大家都已經「解除武裝」，啊不是，是恢復「自由之身」，沒想到三連的阿兵哥們都還在「水深火熱」，營長質疑，三連剛才到底有沒有收到命令？當然是有囉，只是三連的通訊兵可能沒聽清楚到底是什麼命令，只聽到我的呼叫之後，就依例回報：「重慶三號、重慶三號，武漢六號收到！」所以三連弟兄們就比其他人多戴了十分鐘的防毒面具行軍啦！

乀，好吧，我承認這個故事一點都不有趣，畢竟戰爭是活生生、血淋淋的搏鬥，並不是像打電動那樣，死掉還可以關機重來。今天要點播的歌曲，是我每次夜行軍時都會在心裡偷偷唱的軍歌：「夜色茫茫、星月無光，只有砲聲四野迴盪，只有火花到處飛揚……。」是不是很像電視新聞裡，美軍砲轟伊拉克的景象呢？

2003/3/22

憶講美營區

　　放眼國際，每當國家政權遭遇重大更迭，例如外國政府入侵，或是非民主政黨上台時，總有民眾不願接受新政權的統治，決定離開家園，或是遭新政府迫害打壓，這群人，我們稱之為「難民」。

　　我們可能聽過泰北的「異域」，也知悉台灣民間團體前往約旦、伊拉克展開「人道救援」，卻不知道台灣政府其實也曾收留過外國難民。一九七○年代，中南半島部分民眾不願接受共產黨政府統治，因而選擇遠離家園、流亡海外，台灣當局收容了部分難民，將之安置在澎湖縣白沙鄉講美村。後來，這些難民營成為軍方營區，目前講美有兩座營區，一是岸巡，另一則是陸軍，而我曾於一九九六年冬天至一九九八年夏天之間在該陸軍營區服役。

　　一九九六年冬季，一群抽中澎湖籤的菜鳥新兵從高雄搭乘軍艦，乘著夜色的掩護，我們在清晨抵達馬公軍港，天空是灰色的，我們步行至某旅部營區時，沿途只見枯黃的野草，低矮的房舍，雖然對這裡的景色感到好奇，卻只能保持靜默。

　　經過幾天的集訓與分發，各單位派車到旅部接我們，坐在悍馬車後方，車後的棚子遮蔽了我們的視線，只有在因為路不平所造成的晃動時，我才能從棚子被震開的瞬間隱約瞧見外面的世界，有藍色的海！有白色的橋！

　　後來才知道，講美原名港尾，位於白沙鄉，靠著兩座橋樑南接中屯嶼和馬公島，北方則以著名的跨海大橋銜接西嶼，而介於西嶼和講美之間的島，名為大倉嶼。到了營區，一下車，只見地上盡是珊瑚礁石與碎裂的貝殼，營區的建物

幾乎都是瓦片斜屋頂，內部木頭棟梁、迷彩色的牆壁、木框窗戶，這裡的建築物與成功嶺不同，也與旅部現代化的三層樓營舍不同，讓我以為來到一個極為荒蕪之地。

根據劉吉雄先生的介紹，台灣政府於一九七八年十二月一日起設立「中國大陸災胞救濟總會中南半島難民接待中心」，即澎湖講美越南難民營，並由澎湖防衛司令部執行管理；講美難民營於一九八八年關閉後，該營區即有步兵及戰車等部隊先後進駐。

在我服役期間，除了所屬的步兵單位外，另有某戰車單位輪流派遣戰車數輛、官兵數名至本營區「支援」，每當戰車部隊換防的夜半時分，講美營區及澎三號道就會聽到戰車行進時所發出的隆隆聲響。

根據連上資深學長所述，大約一九九六年，我們所屬的步兵單位才移防至該營區（由此可推論，該營區應廢置了八年左右），在確定要移防至講美之際，部隊每天會派人來整理荒蕪的營舍、割除雜草，將白色牆壁漆成迷彩色，瓦片漆成墨綠色。在我服役期間，營舍陸續改建，例如大門的水泥地板，是我們一群人跑去海堤邊挖砂、混合「紅毛土（水泥）」攪拌製成，那裡有我們日夜趕工的回憶；而原本的舊式大禮堂、廚房、浴室（內有一個大水池）、小廁所皆被拆除，並新建其他新式房舍（平屋頂）與戰車碉堡替代；這些建物在當年可能都有中南半島難民的活動遺跡，可惜當時的我並未特別注意營區內的歷史痕跡，現在恐怕無從探索起。

在台灣，義務役官兵常戲稱自己是「不願役」，雖然如此，人生能有過一段長期待在澎湖的經驗，卻讓我對澎湖這片海洋、這塊土地產生好感。澎湖的光害不大，那年正好有一顆慧星（好像是韋伯）接近地球，我們從新聞報章間得知，台灣民眾帶著望遠鏡，一車車前往墾丁或高山，企圖在望遠

鏡裡捕捉慧星的蹤跡;可是,在營區的我們,每當用完晚餐、洗餐盤或是走去浴室洗澡時,只需抬頭一望,就可見到一顆像棉花般的慧星掛在天空,我們不需望遠鏡,憑著肉眼即可瞧見天上的星,而台灣民眾卻必須南北奔波,到高山、到海邊,才能看見澎湖民眾一抬頭就看得到的慧星。

　　從回憶中回到現實世界,人類的歷史似乎不斷在輪迴,軍隊的原意是執行國家機器的命令,保障國內民眾的生命財產安全,但總有些政治人物基於種種理由,把自己的子弟送上戰場,軍事鎮壓國內的異議民眾,或是入侵他國,美其名是要扶植「更適合」該國的政府、「改善」當地民眾的生活、或是「解放」被資本主義壓迫的工農群眾,卻因此製造出更多苦痛、更多難民,或許,在戰爭中能真正獲利的,大概是那些有能力製造武器,並且有能力銷售至全球各地的政府和軍火商吧!

原載於《南方電子報》,2003/4/10

不安全感

閱讀著妳過去寫的信，看著妳最近的文章，「不安全感」是妳生命的主軸，年輕的臉龐，卻寫著徬徨，對未來抱持著高度不確定感，人生的路途像是走在一條條分岔的路口，選擇了左邊這條，就得依循著路徑一路走下去，然後，離右邊的路途愈來愈遠，直到有一天，再也看不到右邊的風景了。

因為不確定，因為不安全感，所以我們難以承諾，我們無法確認那善變的情誼，也不知道自己的未來會如何；其實，在大人的世界裡，何嘗不是步步為營、小心翼翼，做生意總要冒風險，做選擇其實也是。

「葵花田‧微光密織」新聞台台長向日葵曾經拿失戀來比喻換工作，她說：「啊，換個工作，簡直就好像失戀了……因為，我要和這份工作分手了。」就算是已經有工作的人，也會想要轉換跑道，換工作、找工作的情緒起伏，就像戀愛中的心情：期待、付出、試煉、等待回音。

寄出一份履歷，等待公司的通知，有時候，不預期會被通知面試，沒想到竟接到面試電話，有時候，今天才把履歷寄出去，隔天就接到電話，令人驚喜。然而，一次次「謝謝再聯絡」之後，心情不免沮喪，有點類似眾人都說妳會上，放榜後卻落榜的感覺一樣。雷光夏曾寫過一首「榜外」，歌詞提到：「許多快樂的人吐出的空氣／凝聚在你的胸口／變成一團／污濁而濃重的悲傷……你不能流淚／只能要求自己面對未來……曾經展翅欲飛的鳥兒／訝異天空竟不屬於自己。」

當我們告誡別人或自己「要面對未來」時，另一層含意

是「不要逃避現實」，這令人聯想到一則希臘神話故事，誰見到蛇髮女妖魅杜莎誰就要變成石頭，然而，伯修司透過青銅盾牌的照射，不須直接注視魅杜莎的臉，便能斬下她的頭；斬首行動後，伯修司將魅杜莎的頭放在袋子裡隨身攜帶，只要他打不過敵人，就拿出魅杜莎的頭，讓敵人變石頭。

　　義大利作家卡爾維諾在《給下一輪太平盛世的備忘錄》書中解讀這則神話啟示：「伯修司隱藏著那張恐怖的臉，才得以成功地運用它；……伯修司的力量在於拒絕直接觀視──不過，他並不是拒絕去觀看他自己命定生活其中的『現實』；他隨身攜帶這個『現實』，接受它，把它當作自己的獨特負荷。」

　　有時會幻想生命中有位「人生導師」，他／她會在關鍵時刻給我一個指引，「你這樣這樣做就對了！」但幻想終歸只是幻想，人生的路，仍得自己選擇、自己面對，把它當作自己的獨特負荷，就像妳說的，沒有經歷過苦痛與低潮，就不算人生。今天要點播的歌曲是楊乃文唱的「你懂嗎」：「我不知道，我會去什麼地方，我不知道，還會有多少迷惑失望；我不知道，空虛的日子還要過多久，夢要做多久，我不想夢醒以後，依然是受傷和難過的我……。」

2003/4/10

沒完沒了的14天

　　從電視上看到台北市和平醫院的緊急隔離措施，不只是醫護人員，許多去探病的家屬親友也一起被隔離，而且是在毫無預警、毫無心理準備的情況下，突然被告知要關在一間疑似有SARS病毒的醫院裡，健康的人與不健康的人將共享空調度過十四天。

　　我不免聯想，原來強制隔離是隨時會發生的，會不會有一天，我正在書店看書，正輕撫書皮、翻閱書頁，享受悠遊書海的快感時，突然衝進一批警察與醫護人員，宣布該大樓已遭社區感染，所有人員只進不出，隔離十四天！除了書店，如果當時我正在麥當勞呢？如果我正在星巴克咖啡呢？

　　說不定我可以吃十四天的漢堡薯條、喝十四天不同口味的咖啡，從藍山喝到冰拿鐵；又或者，我可以免費看十四天的雜誌書籍，從beauty、康健、愛女生、Taipei Walker、小牛頓到生技時代，再從後人類未來、看不見的城市、菩薩凝視的島嶼、最後掛念著給下一輪太平盛世的備忘錄；又或者可以從紫微斗數的入門書一路奔馳到DNA的十四堂課，再從極細微的奈米科技綿延至胡桃裡的宇宙，看累了文字，就把課長島耕作、家栽之人、惡女、頭文字D翻出來看……最後，我吸收了過多的資訊，在飽滿豐富的知識之海緩緩發燒、瀕臨死境，若我能做最後的要求，請將我的骨灰拋向大海，我來自羊水包覆的子宮，終因病毒的滋長裂解回到原生的汪洋，生命是一連串汰舊換新的迴路，此生來不及結緣的，來世再續吧！

　　與外界隔離的日子裡，怎能沒有歌？和平醫院的抗議群眾高舉「沒完沒了的14天」白布條，令我想起李心潔前一陣

子的短劇和歌曲：「沒完沒了的夏天」，我第一首要點的歌曲是李心潔唱的「自由」，「為什麼，為什麼，SARS讓人變沈重，沒有人告訴我，原來不是我想像。」沒人知道病源從哪裡來，又將往何處去，被隔離的心情，極其複雜難以壓抑，「也許會恨你，我知道我的脾氣不是很好，我沒有關係，你可以假裝沒事離開這裡，一切好安靜，我只是想把情緒好好壓抑……。」

2003/4/25

羅東冬山一日遊

在氣象局發佈豪雨特報後，我搭著莒光號緩緩前往羅東，車過福隆，雨勢停歇，當我走出羅東車站，當地地陪伊瑟已在Subaru車裡等我，她一看到我就懷疑我是五年級謊報成六年級的，其實已經不只一個人這樣說過我了，唉，人家只不過是外表看起來比較成熟穩重咩。

我們首先來到羅東運動公園，這是一個人工造景的公園，面積相當大，園內亦有自行車出租，懶得走路的人可以考慮。園內有一個大湖，遊客可以花十元買一盒飼料餵魚，鴨子見狀也會跑來跟魚搶著吃喔！可是我把飼料放在手掌上，企圖引誘鴨子接近我時，牠們都不靠近。園內有高低不一的山坡，另一側有一個用鵝卵石包圍的湖，使人無法太靠近，造型相當特別，我第一次見到用石頭環繞的湖。此外，公園也有一大片草原，草原上有一棵大樹，感覺很像台南成功大學光復校區；而通往某個出口的水泥路旁，高聳的綠樹成蔭，綠意盎然是這一區的特色。

來到湖的另一處，有對情侶躺在湖邊的木椅上，行李隨意放在椅旁，雙手相攬入眠，既無陽光也無雨，是個適合睡覺的宜人氣候，不過早上十一點就在公園內睡覺，似乎有點怪異，難道他們是環島旅遊，為了節省經費，因此白天睡覺、晚上趕夜路？

中午時分，伊瑟帶我到冬山教會（隸屬基督教長老教會）附近的筒仔米糕店用餐，我點了筒仔米糕和香菇排骨湯，湯的滋味濃郁甜美，排骨肉酥軟易嚼，伴隨著香菇淡淡的味道，令人還想再來一碗。

飯食已訖，我們前往冬山鄉武荖坑綠色博覽會一遊，這

是個位在山谷溪邊的風景區，非假日全票兩百元。博覽會分成數個館區，有螃蟹館、空氣館、經濟花卉館、蝴蝶館……等等，雖然不是假日，但場內盡是國小學童，他們非常活躍，在螃蟹館時，小朋友好奇地想碰觸螃蟹，有的不敢用手碰，就拿出原子筆輕輕觸摸，館內還有巨型寄居蟹，跟成年人的手掌差不多大，不像是我小時候看到的小隻寄居蟹，此外，小朋友每到一站就找服務台蓋章，大概是作業之一吧！

在進入生態殺手館前，我以為「人類」將是本館主題，不過並不是這樣，原來有些動植物才是生態殺手，例如布袋蓮、福壽螺、「逢綠必剪」的蝦子等等，令我感到訝異的是，我也有飼養的小小巴西龜竟也被列為生態殺手之一，該館指出，由於台灣太多人飼養巴西龜，之後又加以棄養或是從事商業性放生行為，導致龜類氾濫，因此，不要隨便放生烏龜喔！

今天這兩個景點皆可算是「綠色之旅」，我們不斷在走路，有人帶著小狗一起來逛博覽會，真是佩服那隻忠心耿耿的白狗呢。博覽會雖然有很多館，但是有些館展內容似乎不夠深入，例如各國文化館裡，澳洲的展件以照片為主，文物為輔，略顯單薄。

我這次往返宜蘭皆搭乘莒光號，巧合的是，車上服務人員竟然是同一人，「要吃點東西嗎？要吃便當嗎？」早上八點多，坐我右側的老人就買了一個鐵路便當，他吃了好久，從汐止站吃到貢寮站，吃完後就開使用舌頭清理口腔，嘴巴不時發出嘖嘖的聲音，一直到羅東都是如此。

回台北時，坐我左側的老人也向同一位莒光號服務小姐買了一個便當，當時不過四點多，老年人都這麼早吃飯嗎？他吃飯的速度比較快，從宜蘭吃到福隆就停了，他在吃的時候發出窣窣的吃食聲，飯後倒是比較安靜，開始看報，後來

就把報紙放在前面的車背籃裡，假瞇一下，過一會兒，有一名十多歲的年輕人上完洗手間經過老人座位旁，順手抽起老人的報紙，說了一聲「報紙借看一下！」就快步往前走，我以為他會坐在本車廂，因為空位蠻多的，沒想到他一直走一直走，走到另一個車廂去……。

　　這是我第一次到羅東冬山一日遊，幸賴伊瑟開車導覽，節省了許多摸索的時間，非常感謝她；當然，一個人跑到陌生的地方旅遊、自己探索行程也會有另一種樂趣。就拍照而言，當天是陰天，沒有陽光，色調比較偏向陰霾的顏色，但這次公開的照片大多經過繪圖軟體處理、製造特效，還請多多指教囉。

2003/4/17

我的天龍特攻隊

小米：

聽妳談著在光華商場買到的〈海王子〉VCD，還有童年時的李麥克霹靂車、天龍特攻隊，同為六年級的妳問：「那個時候，你在做什麼？」

國小五六年級時，我們班幾個男生也組了一個天龍特攻隊，我扮演怪頭嗎？不！雖然我的頭髮從來就不多，但其實我是哮狼喔！因為我在學校都瘋瘋顛顛的，放學後，我們一夥人會沿路大呼小叫模仿劇情玩回家，到家後，我就必須保持沈默，在敬肅的空氣裡寫功課，正因為家裡的壓抑不語，才有學校的瘋顛之舉。

天龍特攻隊屬於國小時代，到了國中的時候，「馬蓋先」每個星期六也很紅，後來才知道，「馬蓋先」其實是美國中情局業務的電視版，他是正義的象徵，老是跑去別人的國家「解救苦難的人民」，顛覆「邪惡政權」，過程雖然很艱辛，但是小馬哥總是能利用身邊的物品衝出險境、逢化吉凶。當時還有一部不太紅的「飛狼」，飛狼是一部黑色直昇機，總部設在鳳凰城，配備「地獄火」飛彈，到處轟來炸去「救人」，最後當然也是邪不勝正。

在那個年代，觀眾總以為對岸「苦難同胞」正過著「水深火熱」的生活，長大後漸漸明白，國際間的是非對錯其實都是被掌權者建構出來的，冷戰時期旗幟鮮明的對峙，讓資本主義陣營在經濟上蓬勃發展；而當社會主義政權一個個崩潰，釋放出龐大的勞動力與市場時，我們卻面臨產業結構轉型所帶來的失業浪潮。四百年前遠離唐山、勇渡黑水溝來到福爾摩莎討生活的漢人祖先們，大概沒想到後代子孫會搭乘

飛機，帶著資金回到自己逃離的地方尋覓商機吧！

在我的記憶中，蔣經國死掉的那天，黑白電視上全是胡瓜在唱歌：「親愛的經國先生～親愛的經國先生～……。」當時小小的腦袋狐疑著：奇怪，人才剛死，紀念歌的詞曲就寫好了，大人真厲害！長大後才發現，愛唱歌的人還挺多的，喜歡唱歌不一定要自己寫歌，歌詞寫好了也可以先擺著，時機成熟自然就可以拿出來用，當不成歌星也沒關係，到KTV歡唱奪標也一樣。

有一天，國中導師帶領全班到大直找蔣經國的遺體鞠躬，長長的人潮中，我們緩步前進，途經北安國中，帶著牙套的女老師手指著校園建物說，那間是校長室、那間是我國三的教室，原來，原來老師也當過國中生啊？！

以前總是不明白，為什麼秦始皇要追求長生不老？為什麼大人總是想盡辦法吃遍各類保養品，為的只是多活幾年？當自己年歲漸長，才漸漸明瞭，原來我們都會追憶逝去的青春，那混雜著酸甜苦澀的歲月與身體，一旦逝去就不再，皮膚不再緊繃、體力比不上國小學童、腰力好像也不太夠了，看著電視上青春無敵美少女活繃亂跳，自己怎能不加把勁！

雖然虛歲已經三十了，但我還是會唱〈海王子〉的最後兩句：「嘿嘿！海王子！呵呵！海王子！嘿嘿呵呵嘿，海王子～～。」怎樣？下次到KTV「哮狼」一下吧！

2003/5/7

鐵齒人生

不知道妳有沒有這樣的經驗？妳最不想念某所大學，偏偏聯考分發時，妳的分數剛好就會進那所學校；妳最不想跟怎樣的人交往，偏偏跟妳約定終生的人就是那種類型的人。

有位朋友信誓旦旦絕不嫁給兩種職業的人：軍人和醫生，結果她嫁給了軍醫。

有位朋友不想嫁給公務員，因為她爸爸是公務員，過著平平淡淡的婚姻生活，結果她去年開始跟一位公務員交往，目前正在討論結婚的時間點，以及婚後的種種事宜。

有位朋友不想跟魔羯座的男生交往，因為她媽媽是魔羯座的，雙子座的她實在無法容忍自己籠罩在魔羯的陰影之下，沒想到她的初戀情人就是魔羯座的，一談就是好幾年，有時候她男友講出來的話跟她媽媽的話一字不差。

有位朋友最不喜歡辦公室裡的某同事，沒想到，為了避免感染SARS影響同部門的工作，公司實施「異地備援」制，調換位置，長官指示她們坐在隔鄰。

有位朋友前一晚才跟學校某同事起爭執，沒想到隔天招生任務編組時，這兩個人被分配在同一組，中午休息用餐時段還得一起行動呢！

也難怪有人會說，人生不要太鐵齒，世事難料，安泰……歲比較好。今天要點播的歌曲是林慧萍唱的「愛難求」，人生多無奈，際遇難安排……。

2003/5/21

隱隱寂寞

　　星期六早上，看著明日報精選文章〈K歌之必要〉，台長說：「我等凡夫俗子，永遠等待下一首一桶狗血灑在頭上流入心肝讓人隱隱作痛的K歌。」想到自己七個月沒唱歌了，很是懷念包廂的味道。

　　下午前往台灣戲曲專科學校觀賞豫劇《豫韻台灣情》，這是國光豫劇隊五十週年的特別演出，以豫劇皇后王海玲為主軸，經由一段段折子戲，演出四十多年來豫劇在台灣的發展。豫劇雖是河南戲，王海玲卻是道地本省人，曾於公元2000年推出西洋歌劇改編的《中國公主杜蘭朵》，不知道這算不算是另一種本土化之下的「全球化」，如果各類戲劇都能推出以台灣為題材的劇本就更好了，加上精湛的演技與唱腔，相信將會吸引更多觀眾。

　　看完戲，一群戲迷們跑去政大附近用餐，餐後有人提議去唱歌，我好久沒唱歌了，沒想到偶然間有這個機會去KTV，心裡很高興，而且一到好樂迪就有包廂，真是心想事成，吃曼陀珠果然有用。

　　席間，我偷偷點了黃乙玲的「感謝無情人」，眾人看到歌名彷彿看到國歌，紛紛起立致敬大合唱，據說大家都回憶起電視劇《女巡按》的片頭，可惜我看的集數不多，所以聯想不起來，還有人懷疑是不是來到「黃乙玲歌友會」。「別人苦勸離開你，要不命早就攏沒去，偏偏阮不知生死，一錯再錯夢破碎，阮的山盟沒後悔，你的海誓算什麼，放我情海在�'水，海水一嘴吞落去……這段情，到此為止，詛咒的心已經死，薄情的人，請你趕緊離開，是你叫阮，疼你疼袂入心。」劉非與秀秀的畫面一幕幕湧上每個人的心頭……。

　　歡樂的時光總是特別短暫，曲終人散之際，看著姊妹們成雙成對離去，只有我孤單一人騎著車，沿著木柵路穿越新店走上秀朗橋，夜裡的街道行人稀，除了路燈，只有警察路邊臨檢的藍紅燈閃爍。

　　到家後，寂寞的心緒像被撕碎的花瓣一片片散落，空蕩蕩的房間，無人可訴衷曲，誰來聽我的心情？只得取出黃乙玲精選集，按下repeat鍵，在深夜一遍遍反覆聽著心碎的歌曲，「啊感謝無情人，傷我是傷這重，乎阮對愛絕望，作一個無心的人；啊感謝無情人，變心攔來相送，往事一站一站，袂凍攔去愛別人，你才甘願。」

　　幸好這股寂寞的心情沒有持續太久，一覺醒來已是中午，在朦朧中匆忙赴約，與一位男網友吃飯，這是我們第一次相見，我們是從他批評我的文章開始認識的。網友是一名水瓶座男子，席間，他與女友不停鬥嘴，互嫌對方胖，據說都是宵夜惹的禍，剎是有趣。

　　晚上又是看戲時間，但是有兩個選擇，明華園在萬華龍山寺演出《乘願再來》，原舞者在南港東新國小演出《太陽伊娜的孩子》，這是一齣阿美族太巴塱部落的樂舞。幾經思量，明華園的歌仔戲還有觀賞的機會，而且上禮拜才去看過《劍神呂洞賓》，該見的姊妹已經見了，沒料到會見的也見了，但是今天《太陽伊娜的孩子》好像是本年度最後一次演出，而我還沒看過阿美族的樂舞，於是決定跑去看原舞者的演出。

　　當心是空的時候，寂寞就會跑出來佔據心房，像一根尖細的針插在心頭，讓人隱隱作痛；當心被填滿的時候，不論是去觀賞職棒比賽還是看戲，隨著時間過去，就能忘卻傷痛。

2003/6/30

波舞星

Dear Claire:

　　很榮幸為妳介紹在那遙遠的星球：波舞星。

　　妳知道，地球上其實潛伏了許多外星人，我們大部分會用人類的面貌在地球活動，也有人化身成地球上的其他生物，包括天上飛的、水裡游的都有可能，如此一來，我們的形跡比較不會被發現。

　　可是偶爾也有凸槌的時候，上次某國漁民在北大西洋補殺一隻鯨魚，並且當場在船上加以宰殺解體，那隻鯨魚其實是距離448萬光年的河瓶星派駐在地球的去氧核醣核酸觀察員，當地球上的綠色河瓶組織開直昇機去阻止時，漁民還高舉「我們正在從事學術研究」的大字報給直昇機看，河瓶星人差點沒被氣死！

　　河瓶星本來要把這艘漁船拖去百慕達三角加以摧毀的，這是地球人與我們外星人動用「私刑」的默契，但是MIB星際戰警警告，雅特藍堤斯人正在舉行海底音樂祭，一張邀請函限一人入場，不歡迎地球人的屍體來湊熱鬧，河瓶星人為了宇宙和平著想才作罷。

　　什麼？還有哪些人是外星人？好吧，我再偷偷告訴妳有哪些地球「人」被星際戰警列管，包括亞歷安星球的男性主持人、還有唱「黃色太空衣」的歌手。星際戰警跟我透露，他們上次去臨檢時，星際戰警問她為什麼每次都穿黃色太空衣來地球？她不肯正面回答，後來出專輯時終於在歌詞裡提到：「我是真的喜歡黃色嗎？我被分配到黃色啦！」她講話很直吧？！

　　另外，像是南十字星啦、北極星啦都有派代表來地球；

還有，那些宣稱媽媽沒懷孕，自己就跑出來的聖人，我也懷疑他們是不是那個星球的代表，星際戰警不肯證實，而我太晚來地球了，沒能親自拜訪他們，甚憾！

至於地球人常說的，男人來自火星之類的理論，那其實是騙人的啦！火星人自己過得好好的，無端被扯上地球男人，真素口年，難怪今年八月底他們要來個「火星大接近」，屆時應該會有很多人不敢承認自己是男人吧！至於那個牛郎星，幾千年前跑去河邊偷看織女星洗澡，還拿走她的衣服，害她洗完澡沒衣服穿，差點引爆星際大戰；後來銀河系光音天法庭判決，牛郎星每年七夕要派補給艦運送能源給織女星，直到下一次愛河系霹靂火爆炸為止，以示補償。

後來這份判決書被地球的星際戰警保防官改寫成牛郎織女相戀的故事，說什麼「七夕相會」之類的，還演變成情人節，這豈不是鼓勵地球男人去偷窺女生洗澡，順便把衣服帶走嗎？不是我在說，我跟天狼星、狗吠星的代表都覺得地球人的想像力太豐富了，自嘆弗如啊！

嗯，講了這麼多，好像還沒介紹波舞星。妳知道嗎？算命的說，根據薔薇斗數的分析，我的夫妻宮有突恩星，她成熟獨立、善解人意，聽說她也被派來地球了，可是，我一直找不到她，不知道她在哪裡？算命的還說，只要我肯努力上進，為事業衝刺打拚，我就能遇到突恩星人。

怎麼會講到這個，不禁臉紅了起來，不如點播一首歌給妳聽吧！「妳看妳看四海，都有外星人……。」

地球時間：2003/7/18

火星大接近

　　星期五與朋友看完戲之後，幾個人又跑去士林夜市遊街，蠻多遊客在盛夏的夜半時分吃藥燉排骨，包括我們在內，我回到家時已經是星期六凌晨兩點了。在前往士林的路上，有位家住台北的姊妹打電話向媽媽報平安：「我在士林。」掛上電話，她喃喃自語：「（媽媽）口氣好冷淡喔！」

　　原以為時代應該不一樣了，現在的父母應該不會介意讀大學的子女幾點回家才對，看來我的判斷錯誤。在我大學時，與女友交往的初期，她媽媽規定十點前要回家，一開始也不准她交男友，有一回超過十點才到家，她還被鎖在家門外，不得其門而入。

　　我們都不是富有人家的子女，當年身上沒有多少錢，也都住家裡，慵懶的我們，很少出去玩過夜的旅程，如果晚點回家必須報備，不知道這算不算是「住在家裡的悲哀」？當然，換個角度想，住家裡有另一種好處，那就是可以省下房租和生活用品的費用。

　　星期天跑去高雄一趟，有位在大學唸書的朋友搬出學校宿舍遷入租屋處，她決定親自下廚做晚餐與民同樂。我們到家樂福買了莎朗牛排等食材，一群人在租屋處吃「大餐」。朋友的室友說，很少有機會這樣開伙吃飯，雖然是同班同學，也都不是高雄在地人，但是大家平常都是各自打理自己的三餐，難得有同學下廚可以吃到這樣的菜色。

　　我大學時代很少參加這樣的聚會，家住台北縣，學校在台北市，下課後不是跑社團就是回家，除非參加班上活動，我通常都是跟社團的朋友鬼混，比較少跟住宿的同學攪和；印象中，好像參加過馬來西亞僑生的聚餐。現在年近三十，

卻跑去高雄跟一群年輕的住宿生開伙吃飯,突然有一種時光錯置之感,在南方的歡聚時刻裡,回憶起青春時期的北方歲月,心中有一股悵然若失的感覺,過去是一段極少遠離家門、固守在台北盆地的僵固歲月。

　　飯食已訖,酒也喝完了,朋友騎著小50載著我到處晃晃,頂山夜市、新掘江、城市光廊與高雄市文化中心入口處……,我沒帶腳架,夜裡不開閃光燈拍照需要更穩定的手臂力量。文化中心的牌樓上方,有顆橘紅色的星星閃耀,回家後看新聞才知道,火星即將在8月27日「大接近」地球,在地球上看到的火星大小會比現在大上二分之一,台灣以中南部地區為最佳觀測地點,這次不欣賞,下一次大接近的日期是西元2287年。

2003/7/12

旗津。光點

　　同樣的景點，跟不同的人去，會有不同的感受。

　　事隔不到三星期，我再度踏上高雄的土地。這次我選擇在七賢路下車，朋友光點以電話告知我最新的集合地點，最後確定在六合路碰面，我自己要控制好行進的方向，如果走到八德路，那就表示我走到反方向去了。

　　從光點寫的文章中，可以隱約感覺到她是個很注重精神生活的人，我無法精確描述那種感覺，有些人的文字充滿物質美感：美食、建築、身體、數位產品等等，有些人的文字耽溺在感情裡，或苦或甜，令讀者跟著迴旋不已。但光點的文章不論飄到多遠、多麼物質，她總是會回到「精神」的那部分，有點宗教，又不太宗教、有點私密，但網路上豈有秘密可言？

　　迎著風，光點騎著車載我從過港隧道進入旗津島，夜裡的旗津道路人煙稀少，二十五淑女墓赫然在目，天后宮旁邊的冰店人滿為患。我們沿著過山路騎上一座小山，站在山路旁，看著旗津島夜裡的點點燈光，讓我想起當年服兵役抽中澎湖籤之後，在高雄壽山等船出航的日子；我也曾站在操場上，看著遠方高雄市區的街道紅綠燈定時閃爍、7-eleven的招牌二十四小時亮著；當時的我們沒有假日，航向澎湖之前都被禁錮在壽山。藉由瞭望市區燈光來捕捉城市記憶，是我離開台灣島之前，除了逃兵外最貪婪的欲念。

　　離開小山，光點帶我到一個「秘密隧道」的入口處，走出隧道將是一段長堤，許多大船從這裡進入高雄港；而知道這個隧道入口處的人不多，因為它被圍籬圍起來，附近是民宅小巷，通常要當地人或去過的人才找得到正確位置。光點

說，「光點」這個名稱的由來就是因為這個隧道與長堤，她曾經說過：「如果你看過這樣的月光，在一片漆黑的海上照亮，遠處的漁船，稀稀疏疏的光點，點亮了心中的光。如果你看見這樣的我，在長堤上獨舞，你不需鼓掌，只要定定的陪伴與凝視，我便會無限的感激。」

不知從何時開始，隧道裡的蠟燭不再燃燒，去年十一月另一群朋友帶我來時，還可以透過燭光穿梭隧道，今晚，我們只能站在入口處凝望暗無天日的洞口，然後打退堂鼓。

回程改坐渡輪，我們前方站著一對中年男同志，他們摟著肩交談、看著遠方的海與燈光，海上還有其他渡輪來回穿梭，這是我們第一次看到中年男同志。事實上，今晚是我與光點第一次見面，也沒講多少話，她就「感應」出我另一層面的性別傾向，果然是個用心生活的人。以前當學生時曾學到一個理論：「詮釋學」，這個理論源自於後人對聖經的詮釋，後來被社會科學界拿去運用，簡單講就是我們（研究者）要「神入地理解」對方（被研究者）內心世界的想法，看出對方正在演什麼「內心戲」，而不是只觀察對方的外顯行為與言詞就做判斷。

離開渡輪後，我們在中山大學校門口繞了一圈，西子灣的黑夜比白天熱鬧，許多改裝車停在校門前供人觀賞，搖滾音樂的聲響夾雜著海濤聲，情人座裡有情人，農曆六月二十六日，無月，星光點點，即將大潮。

今天想點播的歌曲是五月天唱的「瘋狂世界」，在夏夜晚風吹拂中，光點帶我在都市與港灣之間飛逸穿梭，那些承載著現實生活與精神性靈的語彙，隨著機車的速度，被拋散在成排行道樹所吐露的空氣中，而我那僵硬的身軀，在北返之後將繼續躍動。坐在回台北的國光號上，窗外國道的昏黃燈光向後飛逝，我試著回憶光點的臉孔，卻怎麼也想不太

起來；拿起藍色冷光螢幕的手機端看，又輕輕放回腰際，相聚的時光畢竟太短暫，腦中浮現的，盡是她照片裡在台東頭髮飛揚的面容；還殘存的觸覺，是坐在後座的臉龐，被髮絲微微搔刺的感覺，是的，「她是一種感覺，寫在夏夜晚風裡面。」

2003/7/30

光的城市

　　「高雄，是一座光的城市！」朋友光點在夜裡騎著車帶我在高雄市區穿梭時如此說著。

　　是的，著名的「城市光廊」就在高雄，多彩的燈光在夜裡的公園行道樹上奔馳，每逢週末則有音符流洩；愛河畔，藍色的燈柱為夜色增添迷濛的視覺幻象，跨越愛河的橋樑也有光影雕塑。

　　《Dialogue》建築雜誌曾於去年十一月推出〈南方象限—高雄〉專輯，謝長廷市長接受訪問時說：「六年前剛來高雄時，總覺得港都應是個浪漫的地方，而不是『男人晚上喝酒，女人及小孩沒地方去』的城市。」「原先又臭又髒的愛河及前鎮河重新整頓後，多了許多市民可活動的空間，……廢棄電塔重新利用變成了文化夜景中的光之塔。這樣一點一點的、無形地也慢慢找回了大家對『家』的感覺。」

　　高雄光之塔位於三民區，今年五月應可完工，根據《Dialogue》的介紹，外觀上，將有七種顏色彩繪在電塔上，讓白天亦能展現光的豐富表情；電塔設有兩層眺望平台，民眾可由螺旋梯登高望遠，欣賞同盟公園與愛河景致；電塔採用太陽能發電，可以行發電產生照明，猶如一座會呼吸的塔。

　　轉個彎，光點又帶我到鹽埕國中旁的電影圖書館，這座校園就在愛河旁，深夜時分人煙罕至，僅有一對情侶在橋上相吻。據說，民眾可在愛河畔觀賞露天電影院，有螢幕，也有燈光投射在愛河的波光水紋，構成高雄獨有的都市光舞。

　　「你以前對高雄的印象是什麼？」光點轉過頭來問我。「看到紅燈要衝過去，看到綠燈要停下來。」我這個「台北俗」，竟脫口而出這句小時候從大人口中傳承而來的刻板印象。

這種刻板印象在三天後徹底被擊潰，在大埤湖（澄清湖）舉行的「台灣文化研習營」中，高雄市政府文化局局長管碧玲指出，太多言詞把高雄污名化了，事實上，許多台灣文化皆發源自高雄，現代化醫療體系的建立即是一例。1865年，西方傳教士馬雅各曾在台南建立第一所西式醫館，後來轉往打狗旗後（今旗津）執業；繼馬雅各之後，萬巴德醫師接任打狗醫館，鑽研痲瘋、瘧疾等疾病，讓台灣成為當時全球瘧疾防制最為成功的地區，萬巴德返回英國後，這段「高雄經驗」讓他被尊稱為熱帶醫學之父。而台灣第一位醫學博士杜聰明也選擇在高雄創辦醫學院，因為他心目中偉大的萬巴德醫師曾經住過高雄。

　　同一個營隊裡，高雄市政府公教人力發展局局長吳英明則說，在全球化的時代，「在地即是全球化」，透過資本主義、市場經濟、交通運輸科技與資訊科技的匯流，形塑出人們的世界一體感，而全球化不在別的地方，「就在這裡！」而全球化時代的公民社會更需要結合「精確的法治」與「責任的美感」，民眾對於自己生活的地方要有所認同，對賴以維生的土地要充分瞭解，並且願意關心公共事務，付諸行動。

　　吳局長建議，各社區不妨與學校合作，提供外籍勞工學習上網等課程；台灣人應該與外籍勞工交朋友，當他們回到母國之後，就會對台灣留下好印象，將來台灣若需要東南亞各國的幫助，相信一定會「得道多助」。

　　坐在回台北的國光號上，見到窗外高雄捷運正在施工，圍籬上的紅色警示燈閃爍；如果再有人問我對高雄的印象如何，我會回答：「高雄，是一座光的城市！」

2003/8/5

冰雹雨

　　週日的酷熱午後，我躲在房裡閱讀，窗外大雨，忽聞石塊撞擊的聲響，趕緊走出房門，前往晾衣服的後陽台察看。

　　窗外雨勢滂沱，竟有小塊狀的冰塊打在窗台上，原來中和下起了冰雹雨！幸好已將窗戶緊閉，否則，隨風飄動的冰雹早就衝進室內。冰雹降落在窗台上，有幾顆還彈跳了起來，似乎是在敲打著窗戶叫我：「開門，讓我進來！」

　　我不依，心裡直想著〈上邪〉裡「冬雷震震夏雨雪」這句話，冬天打雷、夏天下雪，地球氣候真的愈來愈異常了嗎？今年夏天，全球氣溫暖化的問題很嚴重，據新聞報導，歐洲已經有一萬兩千人因為氣溫過熱而死亡，其中一萬人是不常裝設冷氣的法國人。

　　〈上邪〉的原旨是向上天發誓，我願與妳相知相惜，永遠不分離，一直到高山變平地、江水枯乾、冬天打雷、夏天下雪、天與地合在一起時，我才會放棄妳。這是一首永遠不會離開你的誓言。

　　然而，「冬雷震震夏雨雪」以及「山無陵、江水為竭」等現象都出現了，只剩「天地合」尚未發生，既然如此，地球上多少互相許諾永遠相知相惜的朋友，即將因為「徵兆」的顯現因而必須分離呢？

　　這些想像，其實太多慮了。在地球還未毀滅前，人心本已難測，有多少人是真心與朋友交往互動呢？有多少言詞是出自個人公關的需要，藉以維繫兩人的關係呢？縱然朋友之間講了真心話，特別是忠言逆耳的建言，又有多少人聽得進去呢？

　　而又有多少人是抱著別有目的的心態來接近妳呢？或許

是因為妳的工作領域、妳的職位、妳的物質資源正好是對方需要的，於是他就巧妙利用妳對他的好，來完成自己想要達成的目標；也正因為妳把它當朋友，所以他的「利用」便稱不上是「利用」，是妳自己心甘情願、發自內心為他付出的。

回到房裡，我取出郭虔哲的大提琴專輯《爆米香的滋味》播放，這張專輯第九首曲目是〈天黑黑〉，「天黑黑，欲落雨……」正好是台灣盛夏午後雷陣雨的寫照；孫燕姿的成名曲也是〈天黑黑〉，歌詞裡則提到：「我愛上讓我奮不顧身的一個人，我以為這就是我所追求的世界，然而橫衝直撞，被誤解被騙，是否成人的世界背後，總有殘缺？……原來外婆的道理早就唱給我聽，下起雨，也要勇敢前進。」

《爆米香的滋味》以〈祝福〉收尾，〈祝福〉引用了部分〈小李飛刀〉的曲調，在大提琴沈穩的樂音中，我彷彿聽見羅文悠悠地唱著：「流水滔滔斬不斷，情絲百結衝不破，刀鋒冷，熱情未冷，心底更是難過……人生幾許失意，何必偏偏選中我？揮刀劍，斷盟約，相識注定成大錯。」

這幾年經歷過一些人事變化，雖然見證了人心的險惡與偽善的那一面，但我依然相信：「交友貴在真心，如果別有目的地接近，遲早都會被眾人發現妳的不誠懇。」那些被騙取的金錢、情感與時間，就隨著短暫猛烈卻快速融化的冰雹，在天晴之後一起消逝吧！

2003/8/24

七月基隆

　　離開基隆主普壇，有條極幽微的階梯通往中正公園，我先進入白色觀音像後方的大佛禪院，禪院裡供奉著千手觀音，潔淨空曠的空間，僅有一人坐在入口處，狀似極為無聊，我一問訊之後便退出。

　　北部的六年級世代，在就讀國小的時候可能都有來過基隆校外教學吧！現在提起基隆中正公園，許多人會想不起來是哪裡，但是一提到白色觀音像，就又想了起來。

　　此刻已是下午五點多，夏日金黃色的陽光依舊，廣場上的小女孩和父母一同玩著球，也有兄妹乘坐電動玩具車；在藥師佛雕像旁，則有全家大小一同盪鞦韆玩耍。而我，汗流如雨，極渴，向雜貨店冰櫃取出一罐舒跑，女老闆沈靜不說話，僅比出兩指，我點點頭，從錢包取出硬幣兩枚交付與她。

　　天色已暗，我步行下山，沿著馬路走到佛光山所屬的極樂寺。寺裡供奉著三尊佛像，整個空間相當寬廣，一問訊之後，我做了三次小禮拜，雙膝跪地，彎身，額頭著地，雙掌平貼地面，屁股需碰觸腳後跟，而不是翹起來，當我身體欲彎曲時，突然發覺長褲有點緊繃，大腿像是被卡住一樣，差點彎不下去，好我承認是我小腹太大了，所以才會這麼緊。

　　離開極樂寺，與朋友「笨蛋」會合，她的步伐極為飄逸快速，在人群中，我有點跟不上。我們去廟口吃邢記鼎邊趖，笨蛋問有沒有冷氣，店員隨即帶我們到旁邊建物的二樓去，沒想到這裡還有一間有冷氣的「店面」，一樓客滿時也可帶客人到二樓享用。我們剛到時沒什麼人，當我們吃完要離去時，店裡每桌都坐滿了人，笨蛋說，我們有「招客運」，像招財貓一樣吸引人潮。

我們聊到主普壇，笨蛋說主普壇有個「鬼門」，小時候大人都是這樣嚇小孩的，叫小孩子不要進去那個門，所以長大至今還沒進去過。笨蛋在她的文章中提到，小時後會很期待普渡這種節日到來，「甚至興沖沖的跑到主普壇裡，鑽在上百上千的貢桌之間，眼中覬覦桌上的美食，偶爾趁著大人沒看見時，偷吃一口，那種美味，那種滿足啊！彷彿天下美食不過如此也。」

　　可是，長大之後，「反而很怕中元普渡這一天」，因為大拜拜太累人了，而基隆的交通大阻塞也著實令人頭痛。

2003/8/13

淡水秋色

Dear M.Z.:

我今天跟幾位北部的朋友聚會，吃過午飯後，八個人到淡水走走。

許久未曾遊覽淡水了，靠河的這一岸，不再讓我熟悉，攤位都移到店面裡，地上鋪設石塊，街道變得比較乾淨，人潮依舊洶湧，卻少了以往那緊緊貼在一起、吵雜鼎沸的氣息。

夕陽西沈的時候，我們踏上歸途，遊客們拿著各式相機拍照，連老阿嬤手上也有數位相機。兩位朋友偷拍走在前方的另外兩位朋友，而我偷拍這兩位偷拍別人的朋友，說不定，後方也有人正在偷拍我們。

「螳螂捕蟬，黃雀在後。」身旁的帥哥如此說著。我們的右邊是河海，左邊是人潮，左邊的遊客們在街上走著，右邊的遊客們排隊準備坐渡船到八里，腳踩的土地是我多年未曾造訪的淡水。

妳知道嗎？下午聚會時，我點了一杯冰的「香草咖啡」，黑色的吸管帶動著咖啡進入我口裡，咖啡的苦澀掩蓋了香草的氣味，我不得不承認，我還是有點厭惡那苦味的。

我也不喜歡吃苦瓜，前女友曾說：「你不敢吃苦瓜，體會不出苦瓜的美味，表示你無法吃苦；你要知道，苦也是人生的一種滋味。」雙子座的她，總是會在無意間講出一句人生大道理，然後我就在心底暗暗敬佩她的機智，反覆覆頌她的至理名言，恰如魔羯的內斂，忘了原本談話的內容，忘了開口稱讚她。

有些事情，以為已經遺忘了，其實還記得。

大學同學K家住高雄，當我們都退伍後的某個秋天，K交

了一位女友，她開著車載K到台北來玩，我和當時的女友陪伴他們一段行程，在淡水。

我還記得當時的淡水河岸邊頗擁擠，捷運已經開通了，但是河岸街道上依舊是攤位，他們想找餐廳吃義大利麵，我多次暗示我想吃炭烤。於是我們在某家店面二樓吃起了炭烤，用辣味五更腸旺配飯，而炭火熱烈地燒烤著魚、蝦、肉，再配上可樂與啤酒，秋涼時分的晚餐，不怎麼浪漫，卻很豪爽。

K在大學時是攝影社的，飯後，我們在河邊點燃仙女棒，他拿著單眼相機捕捉光的痕跡，捕捉那短暫生滅的橘黃色；我還記得抬頭遠望有月亮，K把相機腳架架在捷運旁的草坪，不理會我們、不理會女友，執著而認真地拍照，捷運站體的燈光，相較於天上輪迴明滅的月，誰比較亮？

M.Z.，今天農曆九月初二，是看不到月亮的，如果有人聲稱在此刻見到了月色，那令我捧小腹而笑的語句，正如上個月火星大接近時，有人宣稱「天上將有兩個月亮」一樣。

聚會結束後，淡水河正值退潮，黑色的石礫在近岸的淺灘處裸露，如果人的記憶也有陰晴圓缺，我倒希望腦海裡抹去了淡水的月光。

M.Z.，我坐在回程的捷運車上時，望著窗外，秋天的夕陽正要落下，海平面映照著餘暉，左方有船向右行駛，車內的乘客逆光成了黑影。我知道今晚看不到月亮，我知道隨著當下的書寫、隨著西沈的太陽，那過往的情誼與豪爽、那陰影與閃光交錯的臉龐，都將靜靜地躺在淡水河底，不再浮起。

2003/9/28

平衡

人際關係的平衡

「吃飯還是各付各的錢比較好，不要誰請誰，這樣才會平衡嘛！」在一場餐會後，朋友S如此說著。

吃飯的錢可以量化，大家各付各的就算是達成平衡了，然而，人世間有更多事情是無法量化的，尤其人際互動所需的「質的平衡」，更是一門藝術。

有些朋友一開始很熱絡，久了也把彼此當作是很熟的好朋友，卻在認識數年後淡了情誼，甚至不歡而散，為什麼會這樣？

情誼之所以淡化，有個因素是兩人的距離太遙遠，分別在地球上的兩個端點過生活，無法在日常生活保持聯繫，因而漸行漸遠。但「距離」不必然會阻礙兩人的情誼，現代資訊與通訊科技的發達，只要有電話或網路，雙方都願意負擔一些費用，保持聯繫其實並不是難事。在台灣，當固網業者開放民營之後，優惠時段的國際電話費甚至比國內的行動電話通話費還便宜，這在三年前還是一件匪夷所思的事情，現在誰敢說距離一定會破壞友誼？

真正逆轉兩人關係的原因在於雙方的互動模式失去了均衡。兩個人剛認識之初會彼此摸索適當的互動模式，講電話比較方便？還是通email就好？有人習慣上MSN聊天，也有人堅持一定要講到電話才能確認兩個人之間的友情。

在彼此琢磨的過程中，可能會一方做出退讓，明明不喜歡講電話，卻配合對方的需要每天給他一通電話；或者明明很忙，無法及時回應MSN上的訊息，但是怕對方生氣，只好

不斷分心來回應對方的來訊。

當這些為了配合對方而改變自己偏好的互動模式拖久了，難免會失去平衡，覺得有委屈的這一方，可能會發出訊息，希望調整雙方的互動方式，如果對方也願意調整，則兩人的情誼可以繼續維持下去。但如果這一方希望在電話溝通，對方卻說：「要討論這個話題嗎？好，不要用電話，用email吧！」連這種「關鍵時刻」都還要被對方設定她所偏好的模式來溝通，兩人的情誼不變也難；通常，這種回應也意味著對方沒有那麼在乎你了。

優越感造成的失衡

除了互動模式，用詞遣字與專業領域的優越感也會讓雙方的關係失衡生變。

以教育界為例，台灣經歷長年的填鴨式教育之後，有愈來愈多教授和教師傾向於啟發式教學，他們會在課堂上鼓勵學生問問題，甚至強迫學生一定要發言問問題，如果學生都不說話，這些教授會覺得很沮喪，開始批評台灣的學生太被動、只會低著頭做筆記，而國外的學生真主動，什麼事情都敢問。曾有位教授就在課堂上說：「好，你們都沒有問題，那我也不講了，我也不下課，除非你們問我問題，一個就夠了！」

僵了一陣子，有位學生舉手發問：「老師，今天講的，期末考會不會考？」聽到這個問題，教授大怒，卻也只能下課，拂袖離去。這不是虛構的故事，而是這位教授把自己的經歷寫出來，發表在某刊物上

前馬偕醫院精神科主治醫師陳俊欽看了這個故事後認為，這位教授一心只想聽到學生在他的專長領域當中問問題，當問題不符合他的期待時，教授的反應就是生氣。換言

之，「教授的理智認為自己很開明，什麼問題都可以問，但是他的情緒只能接納自己熟悉的領域。」「他的情緒其實並沒有他的理智所想的那麼開明，也許這正是從來沒有學生敢在他的課堂上發問的原因，但是他卻把這樣的問題歸因於學生。」

在日常生活裡有許多這種「專業優越感」所造成失衡的例子，具有專業的一方，由於不願意收斂自己的才華與言辭，不願意用大眾化的日常用語與人溝通，因而造成另一方（讀者、學生、朋友等等）的反彈，而反彈有兩種，一種是疏遠你、躲避你，另一種則是反擊你，挑釁你，以致於你會覺得處處充滿敵意。

曾有位個人新聞台台長抱怨：「為什麼我的留言版常常有人出言不遜啊？」也許是因為作者的文章先挑釁了某個族群。也有人埋怨：「為什麼男生都覺得我是個獨立自主的女孩子啊？我也希望有人來疼我啊！」另一位朋友回答她：「妳要不要試著在男生面前講話ㄋㄟ一點呢？」作家成英姝在《戀愛無用論》這本書裡就說：「強悍的女人在心儀的男人面前突然變得軟弱傻氣，知道這樣可以降低對男人的威脅感。」

《壹週刊》曾經專訪才華洋溢的成英姝，她說：「以前在學校，人家排擠你，不是暗地裡，是當面跑出來罵你，我在求學的過程裡面，這種事太多了。」

撰稿的記者高迪則認為，成英姝說話時，常常會把「那些世俗」、「一些平民百姓」這樣的話掛在嘴邊，不由自主地把自己抬得高高在上。「美麗無罪，不過，若是不能放下那層優越感，恐怕永遠只有曲高和寡的孤獨感。」

話雖如此，但要求一位有才華與文采的人修改他的寫作深度、修改文章的結構和語彙，改用世俗的平民百姓看得懂

的文字來表演，那真是太痛苦了！對一位專業的棒球選手而言，如果他有能力進入美國職棒打球，又何需停留在中華職棒聯盟？

壓抑自己的才華，無異於「慢性自殺」，也會讓自己與自己失去平衡。不過，若想與周遭朋友處於均衡的狀態，聊天時的用語就必須貼近一般大眾，不需出言批評他們的文章「不夠文學」，對大眾而言，寫文章是一種心情的整理和抒發，是心事訴說的文字化；站在純文學的角度去批評別人的文章「像日記」，大可不必！

事實上，真正的平衡需要一點同理心的運用，去理解體會朋友的想法與感受。但同理心不是「客觀公正」，裝作自己很開明；例如，當你看到自己的好友跟別的朋友很要好，好到讓你感覺到醋意時，你能不能適當的表達出來，而不是裝作不在乎？

陳俊欽醫師認為，當一個人絕對要求自己要「以對方的眼睛來看世界，但是又隨時可以跳脫出來，不受對方情緒的影響時」，他就做不到同理。只有坦然關照自己的內心，適當表達自己的感覺時，才能讓兩人達到「動態的平衡」。

在衝突中達到動態平衡

常有人以「理性」為名反對衝突，不過，衝突表面上會「破壞和諧」，但也有它「以戰逼和」的功能。在電影《藍色大門》裡，張士豪一直要孟克柔給個說法，既然妳不喜歡男生，為什麼又跟我在一起？為什麼後來又要跟我分手？而且還介紹林月珍給我認識？妳不是喜歡林月珍嗎？妳到底是什麼意思？

但孟克柔不想面對，只想離開現場，張士豪加以阻擋，兩個人於是在體育館裡衝撞推擠，沒有言語，只有球鞋摩擦

117

地板和身體碰撞的喘息聲,在體力耗盡後,兩人坐在椅子上
對談,「妳不是喜歡林月珍嗎?妳有告訴她嗎?」「告訴她?
告訴她我們可能連朋友都做不成了。這世界上不是每個人都
像你一樣,這世界其實是很不公平的。」孟克柔繼續說:「對
不起。如果你十七歲,你想的只是能不能上大學,不再是處
男,尿尿可以一直線的話,你該是多麼幸福的小朋友啊!」

　　孟克柔與林月珍之間的同性情誼終究無解,但是在這場
肢體衝撞後,孟克柔不再逃避張士豪的質問,把心裡的埋怨與
想法訴說出來,在述說的過程中,也讓傾聽者張士豪釋懷。

　　當然,這種衝突性的表達方式,仍然要注意言詞與技
巧,而不是恣意衝撞,或表達之後故意不接對方電話;太猛
烈的衝突,或表露心情之後就消失的行為,看起來很平靜,
但那也是失衡的。

　　人際關係的動態平衡是一門精心雕琢的藝術,它的最高
境界卻是從心所欲而不逾矩,平衡必須發自內心觀照自己的
念頭,也要貼近朋友的心房,雙方出自真心地互相關懷與互
動,而不是委屈求全迎合對方。朋友Angela就說:「尊重不
是踩著優勢說我接受你的想法,也不是處於弱勢時的消極接
受。」

　　平衡,是一門要花上一輩子時間學習的藝術。

2003/10/18

咳嗽聲

　　經歷一個多月敲敲打打的裝潢聲之後，我知道附近搬來了一個小家庭，有爸爸媽媽和小孩，偶爾會聽到爸爸或媽媽斥責小孩的叫聲：「不許哭！你以後還要不要聽爸爸（媽媽）的話？」

　　這句話，表面上是疑問句，其實是命令句。

　　這樣的斥責，通常伴隨著小孩悽屬的哭喊，小孩應該還小，因為他（她？）所掌握的語彙不多，無法用「大人的方式」表達自己的情緒與需求，只能用哭泣傳達不安或痛苦的情緒，哭聲就是小孩向大人奪權的武器。

　　這樣的斥責次數不多，幾個月下來，我只聽過兩次而已，倒是那位女主人的咳嗽聲從未間斷過。

　　不論深夜還是清晨，不論我正風簷展書讀還是上網，她固定的咳嗽嗓音如影隨形，一次兩聲，敲破了我的窗戶，騷動著我的喉嚨。最近正值季節變換，氣候忽冷忽熱，涼風吹拂，她咳嗽的次數更頻繁了。

　　我不得不打開CD音響，讓房內的音樂掩蓋窗外飄來的咳嗽聲，但音樂掩蓋不住潛伏在心底的情緒。

　　最近閱讀了許多「做一行、怨一行」的文章，不同的作者們有著類似的怨懟，抱怨薪水、老闆、上司、同事、家長、學生……，「為什麼自然課要排在下午？」「為什麼我第七節要排課？」「為什麼要讓我當導師？」「為什麼我要接行政工作？」「為什麼學生上課沒有反應？」「為什麼我的工作量超過我的鐘點費時數？」

　　最常見的感嘆是：「為什麼現在的學生素質這麼差？」「現在的小孩到底在想什麼呢？」這類「一代不如一代」的

疑問句，可是，說這話的人大概忘了，當自己還是小孩的時候，大人也是這樣說我們的。

有些作者比較能夠超脫個體論的層次，從制度面去探討現象背後的原因；例如，有位國中老師發現，由於各家教材無法做縱向銜接，導致這所國小的畢業生學過這些公式，另一所國小升上來的學生卻沒學過，並不是因為這些學生素質比較好，而另一群學生素質低落。

我想起小時候住在公寓的鄰居，她父母都是國中老師，那她現在也是老師嗎？不是的，她曾經說過，長大後的志願決不當老師；因為，她聽多了太多老師放學後在家裡的埋怨，資深老師抱怨新來的排課時段比較好，家長又跟教務主任說了那個老師的壞話等等。

在耳濡目染中，她逐漸看穿那狀似神聖的光環，許多人並不是為了一份理想而投入工作，而是貪圖那穩定的薪資福利與假期；在不同的職場裡，人們心裡想的都一樣。

「主任啊，這學期不是新來一位林老師嗎？下午第一節的課就給她嘛……妳覺得如何啊？」

據說，她父母在學校很少體罰學生，但是在家裡，每每動怒給她一巴掌之後，看著她憤怒嘟嘴的臉龐，她父母會圍繞在她面前，以居高臨下之姿對跌坐在椅子上的她說：「妳瞪什麼瞪？妳生什麼氣？妳怎麼可以生氣？」

這句話，表面上是疑問句，其實是命令句。

這些經驗，一點一滴潛進孩子的心靈，不會被忘記。大人不需要武器，因為他（她）所掌握的權勢太大，遺忘了如何站在「小孩的高度」表達自己的情緒與需求，只想用拳頭或巴掌傳達壓制對方的權力，然後說一句：「真不知道現在的小孩在想什麼？」

「咳！咳！」雖然舞曲的音量很大聲，我還是聽到來自

窗外的咳嗽聲，傳入耳裡，向下竄流，勾引著我的深喉，騷動著我的食道與聲帶；吸收了過多撩撥人心的聲音，早已承受不住這搔癢難耐的情緒，我期待迎接正面的能量與訊息。

有沒有人是樂在工作的呢？

2003/10/7

秋收冬藏

Dear Z.L.：

　　好巧，妳也這麼晚睡，竟然還在線上。

　　有時候想早睡，卻還是放縱自己一步一步沈淪，沈淪在電視機前，或是沈淪在某些網站裡。時間再怎麼自由的我，還是可以感受到外在的作息韻律，週一到週五的白天，社區是安靜的，週六與週日，則有小孩喧鬧奔跑；這社會的運轉自有其規律，我也無法逃脫。

＊　　　　　　＊　　　　　　＊

　　我九月初換電腦了，舊的那台NB用了三年八個月，前同事Dail以及她高中同學的NB也是同一款的，我們不約而同在相近的日期購買，不知道她們換電腦了沒有？我在賣場跟店員說舊款的用了快四年，他就露出佩服的表情，向我打躬作揖，原來，一般人的NB用三年左右就會汰換了。

　　這幾天計算一下銀行存款餘額時，開始警覺到自己的存款急速下降中，我當然知道不能再任由它這樣下去，但是又奈何？於是，只好把一些原本想消費的計畫取消，改成晚一點再消費；多待在家裡，多自己煮東西吃，書與雜誌少買一點，先做好節流的動作。

＊　　　　　　＊　　　　　　＊

　　總覺得，捕捉另一個人的心是很困難的，我的意思不是我現在想去捕捉特定某個人的心，而是泛指要走入另一個人的心是一件很難的事。所謂「走入」他人心房，其實是對方願意「敘述」，而且是主動敘述，如果我說一句，對方才說

一句，那表示我沒有進入他的心。

　　可是我也很少口頭敘述心情，經常對方說一句，而我沈默，也許我已築起一道牆把自己圍住也說不定。

＊　　　　　＊　　　　　＊

　　秋分過後，「雷聲始收、蟄蟲坯戶、水始涸。」最近的風很大，我房間窗外是個凹字型的建築格局，常常可以聽到風聲，也可以感受到吹進室內撲打在臉上的強風，入睡之後亦不歇息，於是我這幾天常作下雨的夢，陰暗潮濕的夢。

　　今天朋友聊到秋天才有的紅柿，因為剛收成，還無法做成乾柿。不知道為什麼，我開始擔憂起冬天的到來，今年會比往年冷嗎？我還沒「秋收」，哪有食糧可以「冬藏」？如果夏天異常的熱，那冬天會異常的冷嗎？

　　不過，如果冬天真的那樣冷，我就可以順理成章把窗戶緊閉，隔絕風聲，隔絕自然的氣息，隔絕自己。

2003/10/7

浴鹽

　　冬陽的週末午後，商場裡的人潮不多，我來到沐浴海鹽專櫃，這是我第一次購買浴鹽。

　　開放式架檯上有形狀不一的玻璃空瓶，有心形，也有波浪狀，細心的店員用漏斗幫消費者調配不同「口味」的浴鹽，各種顏色的浴鹽落進形狀不一的玻璃瓶內，那錯落有致的搭配，宛如色彩繽紛的緞帶；下次拿著同公司的空罐來買，可享半價優待，而我挑了一個長條菱形狀的玻璃瓶。

　　我謹記著朋友的建議，要買尤加利口味的喔！但我已經遺忘它究竟有什麼功效，開口請店員幫我調配時，只堅持一定要有尤加利，其他口味任由她安排；沒想到店員露出不以為然的表情，不肯添加尤加利，還叫我先聞一聞尤加利的味道，能否接受？

　　我用湯匙舀起尤加利海鹽，端近鼻端品香，味道還好啊！

　　「消費者最大。」於是，店員在調配各種不同口味的浴鹽時，仍然添加了尤加利，但是數量極少；除此之外，她還調配了綠茶、薰衣草、紅苜蓿茶、水蜜桃、維多利亞玫瑰、洋甘菊和迷迭香。據說，綠茶可瘦身美白，迷迭香對頭髮生長有幫助，難道被店員看出我有禿頭的傾向嗎？

　　玻璃瓶內，由低至高堆疊出橘、紫、綠、粉紅等色彩，獨獨缺了藍色，而我卻想起藍色大門。

　　走進位於台北市信義路的藍色大門，右側是一整排高聳的尤加利樹，高一學生的教室就在進門第一棟，與尤加利樹比鄰而居。剛脫離國中的青澀歲月，學子們的心裡，有些壓抑已久的情愫正蠢蠢欲動，週記本裡，十六歲的少男寫下這

樣的句子：「曾經為尤加利葉哭過，也曾為心儀的她醉過。」
看到這樣的多愁善感，師大來的實習老師執起紅筆，給了一段
眉批：「此生文筆不錯，不過字裡行間流露出一絲憂鬱。」

　　實習老師的年紀已不再稚嫩，也不被允許生澀，他們正
要應用多年學習到的理論，進入校園實務工作中，掃瞄少男
少女的心思；老師必須依照自己的觀察力，在短短的相處時
光裡，迅速譜出學生在她心目中的色彩序列。

　　學生本質上有著怎樣的形狀？未來可能會散發出什麼
樣的色澤？實習老師不只是旁觀者，還兼任導引的角色，也
許趁著玻璃瓶還未被填滿的時候，小心翼翼試著阻止某些色
彩落入瓶中。實習快結束的時候，老師給班上同學一人一封
信，信的內容是根據這一個多月來的相處過程，提出獨特的
建言；而少男收到的箴言是：「執著是份很美的情愫，但懂
得放棄或許也是一種智慧與勇氣。」只要念頭轉個彎，執著
也能幻化成另一種美的記憶。

　　浴鹽原本是泡澡用的，看著擺在桌上的玻璃瓶，那蜿蜒
堆疊的色彩獨具視覺上的美感，玻璃瓶罐旁是植栽已久的萬
年青，兩相映襯，將浴鹽當裝飾品似乎也不錯，不見得一定
要放入熱水中消耗掉；雖然獨缺了藍色，但是將記憶裡的那
個人輕輕地擺放著，也是一種美好。

2003/10/27

可愛的小朋友

在餐廳裡用餐，吃完甜點，大家繼續坐在位置上聊天，小朋友從櫃臺冒出來，喜愛拍攝兒童的我，依慣例拿起相機拍攝，試圖捕捉小孩純真的笑靨。

這兩位小朋友看到相機非但不怕生，還很高興地擺姿勢，像個大明星似的，拍照後還指定要看數位相機的螢幕，看剛才拍得怎麼樣，她們一邊欣賞照片，一邊發出嬌滴甜美的歡笑聲。

「哥哥我也要幫你拍！」

我把相機交給她，用手掌支撐下巴，手肘靠著桌面，身高不夠的小朋友說我姿勢沒擺好，她拍不到，但我笑而不答；按下快門，她幫我拍了一張切掉額頭的照片，我笑得很開心。

小朋友端詳數位相機的螢幕時，她媽媽有點擔心，怕一不小心就玩壞了客人的相機，或是沒拿穩讓相機摔落，因而不斷出聲提醒小孩要小心。

我倒是沒那麼擔心，只是笑盈盈地看著小女孩、看著相機，如果相機落下，我可以伸出手去承接；就算相機摔壞了，再修理或是再買一台就有了，若是硬生生奪回「玩具」，小孩心裡的快樂情緒是否可以再買回來？

喜悅只存於一瞬間，一旦錯過就不再。正如晨起聽聞的第一聲鳥鳴，窗簾布上微微發亮的朝陽；正如戀人交會的夜晚，那心靈交流的喃喃話語。只有在那個時空、那個當下所做的決定、所發出的聲響、所採取的行動才有意義，太早或太遲的相遇碰觸，只會徒留嘆息。

如果小孩的生活和心靈可以活得更好、更快樂，長輩們

為什麼總是要耳提面命：「我當年當小孩是多麼多麼的苦，妳現在是多麼的幸福。」我相信兒童的理性，她總有一天會發現世界實存的真相，大人們刻意裝窮或擺闊，故意誇大或隱瞞事實，小孩都看在眼裡，她遲早要奔跑到另一個極端去求取平衡。

結帳散會，走在燈火通明的台北東區，夜裡的車潮依舊川流不息，紅磚道上有人擺地攤販賣各種皮包飾品，隔壁是一家24小時營業的書店。消費的時段可以無限延伸，商品的流通可以跨越國界，小朋友也有英文名字，然而，愉悅的片刻能保留多久？我想起了舊友M.J.多年前講過的話：「小時候要不到的，長大之後再給我一模一樣的糖果，那味道已經不一樣了。」

我要感謝朋友的聚餐邀約，讓我享受到美食以及天南地北聊天的樂趣；還要感謝無意間介入我們飯桌的小朋友，她們用笑聲陪伴我們共舞，讓我們有了豐盛無價的一晚。

時光寶貴，青春無敵，把握當下，即此即舞。

2003/11/6

城市光廊。白天版

似有緣，若無緣。

第一次去城市光廊，朋友不肯找停車位，我只好站在路邊匆匆拍照，沒有腳架，不開閃光燈，照片裡的光景一片模糊。

第二次去高雄，朋友帶我夜奔旗津，城市光廊僅留在回憶裡。第三次去高雄，我終於踏進這片公園，卻是日正當中的大白天。

幸好我不孤獨，水池旁有獨坐冥想的老婦人，右側有一位短袖黑衣的男子在樹蔭下捧書閱讀，前方有位黃衣女子像是在等人，偶而拿出手機傾聽；草坪上有對新人穿著白紗在拍照，我的手上也有一台相機。

城市光廊只在夜間發光，藍與綠的線條在樹林步道間流竄，還有音樂流洩與咖啡香。

＊　　　　＊　　　　＊

視聽教室裡，螢幕上正播放《我的野蠻女友》主題曲MV，歌名是「I Believe」。電影演到最後幾幕，男女主角不斷地錯過，當她想回頭，他已遠走，當他跳下火車，她卻追上火車了，當他依約開啟時光蛋，她卻沒有來。

男女主角最後在相親的場合重逢，在那一刻，已無需介紹人太多的言語，因為，經過多年的分離與各自生活後，他們已經知道心中掛念的人是誰；事實上，他們本來該在多年前的另一場相親場合相遇，卻無意間在捷運站接觸，還上了旅館。

朋友S像傳教士，她站在白板前向眾人宣說：「在感情中

遇到挫折時，一定要找個人說出來，不要自己悶在心裡。」
她還說，《我的野蠻女友》有個重要的啟示：一定要徹底斬
斷舊戀情，人們才有可能打開心房，空出一個位置接納新戀
情，就像電影中的女主角一樣。

　　而我認為，這一生，就算各自經歷過各種波折，有些人
似乎注定要相遇，那些曲折離奇、讓人傷心憔悴的經歷，都
是為了在此刻與妳相遇、彼此相知相惜。太早的相遇不會被
珍惜、不會有感覺，太晚的相遇卻要顧慮更多條件與情境。

　　我也相信，有相同故事的人不必然會在一起。

＊　　　　　＊　　　　　＊

　　從城市前往鄉間的路上，我們在車內大聲吼叫「啊～
～」，S是練過的，她的聲音發自丹田，那是我從來都學不會
的方式。

　　剎那間，我想起了前女友，學生時代的我們曾坐火車
到福隆，出車站後沿著濱海公路閒逛，她突然大聲吼叫了起
來，也是「啊～～」然後大笑。當時我真怕路過的車輛會停
下來，問我們發生什麼事了？需不需要叫警察？

　　不論如何，我還是把我的故事告訴了S，也聽了她的故
事，「我很少表現出我的脆弱，也很少發出求助的聲音，為
什麼他無法感應，當我向他求助時所隱藏的念頭？」喂！那
個真正該聽故事的小朋友，你聽到了嗎？

2003/11/24

澎湖。2003

窗外的風聲

　　暑假的時候，作家張惠菁和高中時代的朋友們離開台北一週末，訂了海邊的青年活動中心，一晚上三千六百元的十二人房，「很便宜，沒錯。看到漏水走廊時我們說，也很老舊好不好。」

　　立冬之後，我和幾位歌仔戲戲迷們前往澎湖一週末，也是海邊的青年活動中心，一晚上一千兩百元的六人房，很便宜，沒錯。但整個樓層與走廊包括外牆都在重新裝潢，只保留了我們住宿的那間暫不施工，早上八點開始，敲敲打打與鑽洞的聲音像地震一樣把我們吵醒。

　　我們住的房間是邊間，有一扇小窗，窗的右邊是一台無法啟動的冷氣機，這是六人房，拖鞋卻只有四雙，不過沒關係，這一間是木頭地板，我們可以光著腳在上面走動。進門左側有五張床墊，身為唯一男性的我，當然要睡在擺在右側的「單人床」，頭的位置就是窗。

　　這不是第一次去澎湖，卻是第一次因為看歌仔戲去澎湖；然而，我對於本島諸多景點已不太有悸動的感覺，或許是因為過去曾經來過的關係，對於熟悉的景物或身邊的人們，我們反而不會感覺到特別之處。

　　那種熟悉感延續至夜裡，睡覺的時候，我又聽到那獨特的風聲。冬季的澎湖，窗戶的玻璃彷彿軟化成透明布，不規則地受到風的撥弄，發出輕度颱風等級的拍打聲，讓我想起了當年在澎湖服役時的冬季。

　　當時是農曆新年，我剛被分到某個基層部隊，營區的地

上盡是碎裂的珊瑚礁石，營舍是斜屋頂，木造的棟梁和窗戶。弟兄們分批放假，夜裡的床多出許多空位，我睡在下舖，頭的位置就是窗。

　　窗外下著雨，躺下前，我看到沿著玻璃流下的雨水，那波紋像是一條詭譎分岔的河，河流端急，無人泛舟。其實，澎湖的雨不多，就那麼幾天而已，一整個冬季，還是以風聲「取勝」；當眾人皆就寢時，靜夜裡的風聲更加明顯，營舍外邊的風拍打著窗戶，就連玻璃也彷彿有了波紋，軟軟的，隨風擺動。

　　就跟我在青年活動中心聽到的一樣。

別有一番滋味

　　張惠菁躺在青年活動中心雙層床的上舖時，她冥想著：「奇怪。時間總是會在妳意想不到的時候，把你帶進一個跟從前那麼相像的處境。讓人懷疑，我們那麼努力地往前走，從高中大學宿舍畢業，出去唸書工作，只是為了最後再回到這個海邊的，和從前宿舍沒什麼兩樣的房間裡，跟一群你十幾年前就認識的人。」她還說，這樣的情誼，是一種「關係的奢侈」，「彷彿時間真的會像鬆手後的門扳那樣，悄然回復到原來位置上的奢侈。」

　　雖然我對景點沒什麼感覺，但是跟這群朋友出來玩還蠻有趣的，尤其是假扮出外景的劇組更是有趣。阿kat拿著數位相機掌鏡，受過戲劇訓練的小黛擔任主持人，而我充當導遊，另外兩名姊妹「假扮」遊客。

　　「各位觀眾朋友大家好，現在我們來到的景點是中屯風車，就在我身後，蠻雄偉的，現在就請當地的導遊林先生為我們介紹。」

　　「好的，中屯風力發電廠是近幾年才興建的，……。」

「謝謝你，我們看到那邊有兩位遊客正在拍照，……請問，妳們從哪來？」

「我們從台灣來的。」

「來到澎湖，有看到什麼特別的嗎？」

「聽說這幾天來澎湖要注意天后跟海象……。」

是的，我們早上經過澎湖文化中心時，正好看到孫天后戴著墨鏡、提著行李走在紅磚道上，全車姊妹們歡聲雷動，尖叫聲四起，好像瘋了一樣，闖過路口衝到天后身邊搖下車窗跟她打招呼。

當晚戲後，我們提了十罐金牌啤酒回房裡，我只喝一罐就躺平了，其他九罐被三位姊妹喝光了，她們邊喝邊聊天，凌晨五點才睡，前一晚則是每人兩罐Bar Beer。她們說，有嗎？有喝啤酒嗎？應該是喝了十八罐全麥口味的汽水吧！

半夢半醒間，我總以為我沒睡著，因為我似乎能聽到她們聊天的內容，遇到我有興趣的話題還會接話：「啥？！妳說牡羊女跟魔羯男不合？」

回台北的晚上，電視影集《原味的夏天》正好播出首集，這齣戲在澎湖各島嶼實地取景拍攝，演員們也在澎湖待了好一陣子。其中一幕戲的台詞是這樣的：一位男子送了三朵白玫瑰給女主角，他說：「我很少送女孩子花。在城市裡，只要一通電話，要幾百朵幾千朵玫瑰都沒問題，可是在這裡（險礁），要取得玫瑰不是件容易的事。」

「玫瑰又不好看！你包裝得也好醜喔！」女主角之所以這樣回應，是因為她的心在男主角身上，而不在這位送花男子的身上。

在兩人世界裡，有沒有喜歡上對方才是最重要的；沒有感覺，送再珍貴的禮物、講再多的電話也沒用。我想起電影《臥虎藏龍》裡，一段李慕白與余秀蓮的對話：「把手握緊，

裡面什麼也沒有，把手鬆開，你擁有的是一切。」余秀蓮回答：「慕白，這世界上不是每件事情都是虛幻的。剛才你握著我的手，你能感覺到她的存在嗎？」

夏天的澎湖色彩鮮豔，冬天的澎湖景色蕭瑟；人心之船承載著純真與機鋒，時而前進，時而等待，只有吹拂島嶼的風聲不曾改變。

2003/11/30

寒冬裡的緣田

這幾天，我能真切地感受到寒冬的降臨，在夜裡跟友人講電話時，在清晨醒過來的那一刻，冷空氣毫無聲息溜進了鼻腔，滑進喉嚨，讓聲音變得乾澀，「好冷！」我不能免俗地說了一句。

今晚我一度把電腦後端的線全拆了，將整台電腦移開我的桌面，為的是要騰出空間唸書，但是沒多久又忍不住把電腦請回來，開機，然後偷偷告訴自己，上網一下下就好了，於是，一兩個鐘頭又過去了。

曾想買一個燈具，底座有夾子的，夾在床頭，這樣就可以躺在床上或是靠著床頭櫃閱讀了，然而我也只是想，一直沒有付諸行動購買燈具。

不上網的時刻，我拿起妳借我的書翻閱，《聖境預言書》中提到的第一個insight是「察覺到人生中的機緣」，我偶爾會遇到人與人之間看似偶然其實必然的相逢，但我更常在文字裡碰撞，在書寫的當下，遇見可供引用的句子。

我寫了日劇《First Love》的簡介之後，想請讀者幫忙查劇裡國文老師念的日文古詩，今晚卻在一本十月出刊的雜誌上閱讀到這個句子，我讀書讀雜誌的進度太慢，以致於兩個月後才讀到以前就應該讀的文章。

那句日文古詩是：「與君相識後，心中添煩憂，莫若不識君，心靜一如前。」

這古詩的意境類似於電影《停車暫借問》中，男主角看到女主角跟別的男人很要好，於是引用了《紅樓夢》的句子說：「無我原非你，從他不解伊，肆行無礙頻來去，茫茫著甚悲愁喜，紛紛說甚親疏密，從前碌碌卻因，到如今，回頭

試想真無趣。」帶著一點點醋意,一點點埋怨,既然妳跟他那麼要好,那我跟妳之間的互動又算什麼?在妳心中,我到底有多少份量?想想還真是無聊。

在《停車暫借問》裡,喜愛傳統中國文學的女主角因病躺在床上,主治大夫推薦她閱讀西洋文學,兩人相談甚歡,男主角撞見,醋勁大發。如果一開始就不要喜歡對方呢?不在乎,也就不會有得失心。從短期的眼光來看,相遇也許是偶然的,但要不要喜歡對方應該有自主選擇權吧?

有一種觀念認為,人們應該學習靜坐冥想,學習一個人沈思,學習在靜謐中感應自己原本具足的圓滿本性,那麼,在這樣一種內化的狀態中,我們該不該多多與人結緣呢?

身處於當代社會中,各類商業書籍與思潮總是教我們要多方建立人脈,要走出去,與人群接觸,建立關係網絡,將來也許有一天會從這個人際網絡獲得些什麼,可能是工作職位變動的的訊息,可能是發財機會的明牌,可能只是一起出去玩、聚餐、欣賞戲劇電影等等。

而另一類的思潮卻指引我們要傾聽內在的聲音,要珍視身體和心靈深處顯現出來的各種「徵兆」,人們不需要到處「攀緣」,因為,一旦種下一顆種仔,那怕是微不足道的小種仔,都會生生世世輪迴不已。

那麼,在「獨處沈思安頓自己」和「接觸人群拓展人脈」之間,是否有所矛盾?在「從一而終」和「多方比較」之間,哪一種比較辛苦?「付出感情」本身是一種目的還是手段?

數週前,前輩分享著自己的人生觀:要認真對待每一件人事物,不要輕易結緣。讓我想起了九年前的254公車上,一位陌生人突然回過頭對我說的話:「不要攀緣。」另一位前輩卻說,妳這一世與誰相遇都是注定的,逃脫不掉。

該聽誰的呢？

妳說，在兩人關係中，如果一方總是說：「由妳做決定。」對於那位做決定的人而言，看起來好像擁有決策權，其實她的壓力是最大的，因為她得擔負做決策之後品質不佳的責任。

在聊天當中，妳展現出不凡的功力，從幾個簡單的實例中就看出我的依賴性，源自家庭與童年的經歷，我還沒學會真正的獨立，學會自己做決定、下判斷；生命的道路上，我總是在等待一位他者、一位老師來幫我做決策。

我總是在投入與逃避之間來回踱步，想把桌面清空，騰出空間唸書，卻又忍不住搬回電腦，無限上網；只要連上網路，病毒就有攻擊的機會，廣告信件也漫天飛舞侵入我的信箱。真實人生不也如此？只要願意打開心房，提高自己的透明度，形形色色的手指頭伸進來，挑逗一下正在跳躍的心臟，有些是真，有些像針。

有些人願意展現她的透明度，有些人永遠隔著一層紗，有些人擺放一顆人工心臟給妳看，讓妳以為那是真的。

我擁有一畝田，靠近河流的一畝田，上天幫我撒下種仔，只需要靜靜地等待，不需刻意施肥，莖葉就會依序從土壤裡冒出來；就算我刻意棄養一株植物，另一株也會枝芽綻放，引人注意，那些我以為在寒冬下必定枯萎的生命，會在我最不經意的時刻，悄悄復活。

我總是在田裡轉呀轉，這裡澆一點，那裡灑一下，付出了養分，卻不敢理直氣壯地要求回報；我的汗水我的靈魂就這樣消耗在這畝心田中。

「我累了。」好想用這句話當結尾，可是，我每年冬季都用這句話當結尾。

2003/12/16

參　結廬在人境

小孩不死 只是凋零

「小時候得不到的糖果，長大以後才嚐到，那滋味已經不一樣了。」一位朋友這樣說。

有位朋友也說，她最討厭聽到「我的家庭」這首歌，因為歌詞所描述的「我的家庭真可愛……姊妹兄弟很和氣，父母都慈祥……」她從未體會過，實際情況恰恰相反，「那是一首騙人的歌！」她憤恨地說，但是，她也曾透露，憤怒，是為了掩飾從小得不到父母溫暖的悲戚哀傷。

《遠見雜誌》第一七六期訪問唐宗漢，他點出一個台灣還處於邊緣狀態的弱勢族群─小孩，他說：「台灣生理男性對生理女性沙文主義的歧視，漢人對原住民的關係等，已經被提出來，可是大人對小孩的欺凌壓迫，不管哪一個邊緣族卻都當作理所當然，這才是真正的弱勢。」

「小時候」是每個人都會經歷的過程，但是父母卻常以「都是為你好」的名義下，對小孩做出各種指導方針，很少去思索，小孩要的什麼，「我的小孩快樂嗎？」父母願意與小孩溝通為什麼念高中會比念高職好嗎？為什麼夏天一定要穿短褲不能穿長褲？狐狸是狡猾的不是可愛的？

湯禎兆在《今週刊》提出一個觀點：「《柏拉圖式性愛》是一深刻有力的教育改革參考讀本，因為其中正好赤裸裸道出日本這個『學歷化社會』，如何重鑄了每個人的身份定位，也因此帶來了多少的社會問題。」湯禎兆文中指出：「雖然飯島愛沒有明言，但她筆下的母親其實已失去了個人的身份特徵，而淪為『教育媽媽』的一分子罷了。」

其實，台灣不也是如此？不論父母，莫不站在學歷化社會的壓迫位置，在整個政治經濟教育結構制約下，扮演「我

們是為了你好」的角色遂行壓迫小孩放棄獨立自主思考、宰制小孩身體行動的事實。運氣好的小孩,或許有機會從被壓迫的環境中長大、掙脫,重新拾起做一個完整、獨立自主能力的個體,但不知有多少小孩長大後繼續「媳婦熬成婆」?

　　就每一個個案而言,該如何改善親子之間的仇恨呢?我不知道什麼是好的解決方案,但我認為,當年身為壓迫者身為「強權」的一方應該先反省、道歉,親子之間才有可能取得諒解、修好的空間。「大和解」不會突然從天而降,也不可能要求子女在「孝道」的大旗下重新擁抱親密的親子關係,那只是另一種形式的壓迫而已,唯有強權者願意認真面對過去,反省那段日子的所作所為,才能為真正的和解奠定基礎。

　　「小孩不死,只是凋零。」唐宗漢如是說,而就像其他網友講的,若要避免小孩在不快樂的童年中逐漸凋零,結婚時一定要想清楚是不是要創造一個新生命?如果真的要生小孩,可別重蹈覆轍,走上宰制、壓迫小孩之路。

2001/3/18

失業是你的錯嗎？

近來朋友們不約而同轉寄一篇「看一看你未來的競爭者」的電子郵件，用意是提醒中國年輕人正奮發圖強，一流大學畢業生都會有工作，台灣人的就業機會也一步步喪失，因為台灣年輕人貪圖安逸，最後反問：工作，是被中國人「偷走」的嗎？

這篇文章出自2001年4月《CHEERS》月刊第七期〈臥虎藏龍 兩岸爭鋒〉，由藍麗娟撰稿，這篇文章對於中國年輕菁英的企圖心持肯定的態度，文中指出：「肯上進、很有企圖心、踏實肯幹，是台資企業對中國年輕工作人普遍的評價。」「為了出頭天，求生存，從小就習於競爭的他們，特別好強、好勝。」同時，文中也暗喻台灣年輕人不肯吃苦、沒有受過磨練，「中國年輕人的心胸與格局比台灣年輕人大，也更樂於接受改變。」「跟台灣年輕人相較，中國年輕工作人的學習動機與學習能力，更是強勁。」「論資質、比能力，中國年輕人都優於台灣，只有一項是台灣優於中國的，那就是薪資與福利。」因此，「台灣工作人，問問自己，你的工作，真的是被『偷』走的嗎？」

該文基本上是一種「去結構化」的論述，用白話文講，就是把一個現象的發生歸咎於「個體」，而較少使用大環境的變遷來解釋一些現象，這種論述會認為台灣工作機會的流失是因為台灣人「不夠努力，只想要福利！」而對岸的菁英因為「肯上進、很有企圖心、踏實肯幹、好勝、好強、肯學習！」所以得到工作。

但，失業真的是自己的錯嗎？

經濟學對於失業類型大致分成摩擦性、循環性、結構性

與季節性四種，政大經濟系黃仁德教授表示，「我國失業一向以循環性失業為主，但近年來隨著經濟發展程度提高，產業結構變動日趨頻繁，結構性失業的比重日漸提高。」循環型失業是因為經濟不景氣、總需求不足所導致；結構性失業則是因為經濟結構或生產技術變動太快，原本身懷絕技勞工，社會卻不再需要這種技能所導致。

具體來說，台灣傳統產業外移，經營環境相對惡化，許多企業無法在台灣立足，因而導致大量工作機會流失。也就是說，失業不見得只是因為自己不夠努力、愛爭薪資福利所造成，台灣經營環境的變化以及企業家對於投資地點的選擇也是重要的因素，輿論不宜輕易地將失業問題歸咎於個人。

那麼，在失業浪潮一波未平一波又起的情況下，政府應該扮演什麼角色呢？

黃仁德教授指出：「要解決失業問題，應針對不同類型的失業，採行不同的政策處方。循環性失業的解決，應以財政政策或貨幣政策來提高有效需求，刺激景氣，創造新的工作機會；結構性失業問題的解決，應針對失業的勞動組群採行特別的訓練，便其所擁有的技能與目前已經存在的工作機會相配合，這樣才能有效減少失業人數、降低失業率。」

也就是說，失業者應該學習這個社會所需的技能，就算是已經有工作的人，也應該時時刻刻求進步，誰知道現在好像很熱門的行業會不會轉眼間成為泡沫？資方如果撤出台灣，我們還有別的技能以配合新的就業機會嗎？

美國一九三〇年代也發生經濟大恐慌，傳統經濟學派主張透過降低利率來刺激企業投資，以達成充分就業，不幸的是，景氣低迷之際，利率再低企業家也不見得願意多貸款以進行投資，更遑論提供就業機會了。因此，凱因斯認為自由放任市場並不能解決「需求不足」和「失業增加」的問題，

必須要靠政府的財政政策，也就是增加公共投資和政府支出，政府必須創造一種前途光明的環境和氣氛，提升企業家在本地的投資信心和意願，才能創造更多的就業機會。

所以，聰明的反對黨就知道如何操控社會議題，製造投資環境不佳的氣氛，讓企業家怯於投資，以便在選舉時利用經濟議題攻擊執政黨；相對來講，聰明的選民也該知道是誰在打擊國內的投資環境，誰在降低企業家的信心和投資意願？不過這是題外話。

此外，政府還應當開辦失業保險等措施，以貼補失業者及其家庭的經濟困境，我國目前僅有「失業給付」制度，而真正的「失業保險」似乎尚在研擬中，雖然陳總統曾說要暫緩社會福利支出，但是別忘了，歐美國家雖然有高失業率但同樣也有完善的社會福利措施，如果台灣只有高失業率卻沒有相對應的社會福利，失業所衍生的問題恐怕會比歐美國家更大！

注意到失業的結構性因素之後，仍然要解答個人該如何面對大環境的變遷，台灣失業問題的起因很大一部份是產業移至中國所致，「錢進中國、債留台灣」的情形也很嚴重，經濟部於2000年所做的「製造業對外投資實況調查」顯示，就所有已對外投資之業者而言，投資地區以中國大陸所占比率七成四最高，其次為投資於東協五國者占二成三，而投資於美國者約占一成八再次之。

唯一值得「慶幸」的大概是台灣產業結構的轉型，工業比例下降，服務業比例上升，根據經濟部的資料，2001年第一季，我國工業佔GDP比重為30.11 %（其中製造業為24.62%），而服務業為68.18 %（其中商業為18.94 %），易言之，藍領勞工的工作機會可能會漸漸減少，基層服務業和白領勞工的工作機會將漸漸增加，面對新的產業結構，在學學生和

受雇者都應認清現實,學習新產業所需的技能方是上策。但是如果連台灣一向引以為傲的資訊科技產業都西進中國,而且沒有建立新的主流產業的話,台灣產業的「空洞化危機」就不是危言聳聽。

勞工陣線秘書長張烽益說,「人在遭遇一些困境時,並不是他個人懶惰或是個人罪有應得,而是一些社會結構的結果。」勤奮、有競爭力本來就是職場中人應該具備的特質,但是在解釋一個國家的失業原因時,個體因素並不充分,那些工作挑輕鬆的做、整天想放假和加薪的人,原本就有比較大的機率被淘汰,那些兢兢業業努力工作的人,看到「未來的競爭者」時不用恐慌,該恐慌的是產業結構正在轉型而不自知,偏偏又身處在被淘汰的行業中,對環境變遷茫然無知的人才要小心!

參考資料

張烽益,〈失業是社會的問題還是個人的問題?〉,《勞動者電子報》(http://labor.ngo.org.tw/weekly/C210503.htm)。

經濟日報社論,〈唯有正確的作為可以緩和失業問題〉,2001年5月1日。

黃仁德,〈我國失業問題面面觀〉,《中央日報》公論版,2001年3月5日。

黃鎮台,〈由全球化看產業赴大陸投資〉,《國家政策論壇》第一卷第二期,2001年4月。

藍麗娟,〈臥虎藏龍 兩岸爭鋒〉,《CHEERS》第七期,2001年4月。

原載於《南方電子報》,2001/5/30

劫車與澎湖

　　六月二十三日下午，奇比颱風來襲，不受颱風影響的民眾緊盯著電視螢幕收看台北劫車事件，台北的民眾感到緊張、刺激並帶點興奮，澎湖的民眾因為停電，雖然看不到，但一樣緊張、刺激並且惶恐。

　　因為，奇比颱風為澎湖帶來十五年以來最嚴重的災情，根據聯合晚報二十四日的報導，澎湖災情是：「兩萬三千餘戶停電停水，一人死亡，115人受傷，106艘漁船及遊艇沈沒，450處招牌掉落，13200株路樹受損，財物損失達4億，首當其衝的離島望安及七美鄉電訊全部中斷，到今天上午仍未完全修復。」

　　唯一值得「慶幸」的大概是：「成功水庫昨天傍晚還洩洪，水公司人員說，水庫大進帳，澎湖地區今年不愁缺水。」每到夏季總要擔心自來水不夠的澎湖人，今年終於可以稍稍放心了。

　　或許有人會說，颱風年年有，澎湖只死一個人，災情還算小的！是這樣嗎？這位民眾居住在澎湖最南端的離島—七美，這裡雖然有小機場，直昇機也待命準備後送台灣，但是颱風天最大陣風達十六級，怎麼可能冒著更多人傷亡的危險將傷者後送？這位民眾在當地衛生所待到隔天凌晨，傷者終於變成死者，如果在都市，就算最大陣風十八級，應該不用等直昇機，開著車就可以護送傷者緊急就醫了吧！

　　況且，就算沒有任何人死亡，這次颱風也造成澎湖近年來大力發展的海鱺箱網養殖漁業全毀，兩百多艘漁船沉沒、兩百五十八公頃瓜果農田毀損，根據聯合報的報導，光農林漁牧損失就接近六億元，這對貧瘠的澎湖而言，是筆不小的數目。

筆者大約三年前自澎湖白沙鄉退伍，但仍然想念著澎湖美麗的景色，關心澎湖的訊息，當得知颱風會經過澎湖時，自然想知道當地的情況，無奈一扭開電視，全是劫車事件的實況轉播，其他節目都停播了，現場連線的魅力更吸引那位「每逢鏡頭必出現」的台北柯先生，而事件結束後還有各種分析報導，甚至有網站的討論區問：「你對媒體記者不顧生命危險，貼近現場採訪有何看法？」而這場被馬公市長許麗音比喻為「澎湖的九二一」風災，卻不見有電子媒體奮不顧身、貼近現場實況轉播。

　　更何況，筆者終究還是「局外人」，不知有多少觀光客正在澎湖旅遊、多少阿兵哥在服役、多少旅居台灣的澎湖鄉親想在第一時間知道家人的訊息，我們只能透過廣播，聽那一小時一次，一次只有幾秒鐘的澎湖災情，再不然就要等隔天的報紙了，只因為這個颱風不會經過政經媒體中心的台北，只因為台北發生一件值得停掉所有節目、全力實況轉播的劫車事件！

　　六月二十三日，台灣人不分南北共同度過了緊張刺激的午後時光，只不過，有些人用視覺在享受，有些人用身體甚至生命在感受，我還在想，那艘被颱風從海邊吹上市區街道的漁船，要不要就地成立一座「颱風紀念公園」呢？

2001/6/25

政府的角色

　　對於「失業真的不是你的錯嗎？」一文所提到職場中人的自我認知，在資本主義社會裡，人人奮勇向前、努力工作是一件天經地義的事，這一點我與翁先生的理解相同，在此不再贅述，只不過要提醒的是，當我們要解釋一個國家的失業問題時，個體因素並不充分。

　　但該文開啟了另一個討論空間，那就是政府應該涉入哪些領域？政府的角色為何？翁先生提到：「當寒冬來到，在春天歡樂渡過的蚱蜢失了業，卻要求政府發失業救濟金和做職業訓練，這對辛勤工作、學習、卻也相同繳稅的螞蟻公平嗎？」

　　首先，我們必須先承認，政府本身是一個確實存在的實體，在可預見的未來都不會消失，而政治最素樸的定義便是「對有限的資源做出權威性的分配。」政府就是在扮演「權威性分配」的角色，從社會徵集資源，再重新分配給社會各部門。

　　試想，我們的一生真的都是靠「自己」的打拚而取得現有的成就嗎？我們沒有受過義務教育嗎？政府開辦多少所公立學校以及補助私立學校才讓台灣的孩童得以接受九年義務教育？況且不只是國中小，諸多有形無形的公共建設、醫療體系、加工出口區、科學園區、社會福利機構、職業訓練、大專院校等等，處處皆有政府的影子，少了政府，如何奢言我的成就純屬自身的努力？如何確信不用繳更多學費或營業費用以取得相同的成果？

　　再者，就算完全捨棄社會福利部門的業務，難道政府會因此不再提撥軍公教人員的離職儲金和退休給付？金融機構

營業稅會恢復課徵嗎？公立學校一律停辦？科學園區、加工出口區和交通建設的土地徵收、規劃、設計、營運管理一律由企業家自行負擔？消防警察體系完全由住戶和業者自行聘用？天然災害救濟措施、低利貸款也應該停辦？

　　換句話說，如果政府會繼續運作，人民依舊享受政府帶來的公共建設成果，何以我們獨獨對社會福利制度如此排斥？就算從個體面來思考，政府直接開辦或是補助民間機構從事各種訓練，不也能為那些力爭上游的每一位受訓者減輕負擔？不必「忍痛」繳費。況且，失業保險措施（尚未實施）如同勞健保，並不是全由政府負擔，保險給付的來源應包括資方與受雇者繳納的費用。

　　「天有不測風雲、人有旦夕禍福」，社會福利的用意之一是要讓遭逢突變的人得到部分的救濟，讓遭受困境的人暫時得到安頓，有基礎重新出發，這份救濟不可能只靠大型企業的慈悲心，也不是一兩人涓滴的施捨就能完成，而是要匯集社會整體的力量，透過掌權的權威機構分配給有需要的弱勢部門，有誰能擔保，幸運之神永遠眷顧著我們？

　　排斥社會福利政策、期待政府角色極小化，政府依然會課稅，只是這下輕鬆了，不必把社會資源分配給弱勢族群，已經獲利者卻繼續得利，苦的是那些亟待大社會伸出援手的同胞們！

原載於《南方電子報》，2001/7/5

看診、醫生與社會期望

想起幾年前的一件往事，大約是我就讀高中或大學時候的事，我使用公保眷屬的身份去台北「公保大樓」看牙科，看完一顆蛀牙後，我說我的某某顆牙齒也會痛（其實是「牙齦」會痛，但當時我只知道是「肉」在痛，講出來卻變成「牙齒」在痛），醫生看了一看說：「我找不出來你這顆牙齒哪裡有問題。」

接著，醫生轉頭對護士說：「這種看免錢的，這裡也痛那裡也痛！」

然後回頭繼續對我的口腔東看看西看看之後說：「你不要怕我啊！那裡痛就說啊！」⋯⋯忘了當天是怎麼結束看病的，但是，我當年會痛的「牙齒」部位現在已經有兩顆裝上牙套，旁邊還有一塊牙齦不會附著在牙齒上，只要輕輕一撥，就可以看到更完整的牙齒。

五月二十九日中時晚報報導：「根據最近一項調查顯示，我國醫學院學生為興趣或服務人群而從醫者不到四成，為了賺大錢而當醫師者卻超過一半，且有八成只願花十五分鐘看一個門診病人，醫界基層的急功近利，和一般社會大眾沒有兩樣。」怎麼會這樣呢？好像與一般人對醫生的期望不同；民生報社評解釋：「醫學生的人文素養及社會關懷不足，問題關鍵其實出在醫界的現實影響，以及進入醫學系的考試制度。從現實面看，情況稍微好些的開業醫師都能月入廿萬，而教學醫院醫師都可以在三小時內至少看五十個病人，又怎能期待新世代的醫學生降格以求呢？」

只有少數人能夠只仰賴理想不顧現實而活，而醫師也是一門職業，對於病患來說，我們大概不需期待醫生有多崇高

的理想,只希望他們在看診時不要那麼「真情流露」,可不可以對我們一視同仁呢?

曾經在《張老師月刊》讀到一篇由賴其萬醫師寫的文章,他說當一九六九年他還是醫科六年級學生到眼科實習時,每天早上要在掛號處拿著病人病歷,拉開嗓門呼叫病人的名字,然後先由實習生問診和檢查,接著才由主治醫師檢查。

那天,賴同學一如往昔高呼病人的名字:「彭明敏!」但是這位病人的眼皮極難翻,找了另一位同學來翻還是翻不起來,只好交由主治醫師處理,想不到主治醫師一看到病人馬上左一句「先生!」右一句「彭教授!」還向彭教授道歉說這兩位學生有眼不識泰山等等,結果彭明敏說:「醫學生就是要這樣子,慢慢由實例獲取臨床經驗……您這兩位學生相當努力,只是我的眼皮不幫忙、不合作而已。」

這篇文章最後提到:「如果大家都能夠像彭教授一般,按照掛號次序就醫,不利用特權,不希冀優先待遇,而醫者也能秉存公德心,尊重病人的候診次序及病情的緩急輕重,那麼病人也就沒有理由懷疑醫生的人格,而用紅包來賄賂、侮辱醫生。」看在每個曾經因為身份「普通」而在醫院被「一般」對待的人眼中,這番話真是令人心有戚戚焉啊!

民生報社評對於醫學院學生來源的具體建議則是:「多元入學方案實施以後,醫學系為什麼不能招收一些真正有心服務人群,但成績可能沒那麼好的高中畢業生呢?教育部似不妨從這個角度多想一想。」提供給大家參考。

2001/6/1

從賭博網站看網路邊界

過去常有人開玩笑說，能賺錢的網站型態只有色情網站與賭博網站，從台灣近日破獲的賭網站每月獲利新台幣二十萬元來看，賭博網站高利潤的說法應屬不虛。

八月二十四日，台灣刑事警察局偵九隊一組宣佈破獲一起「跨國拉斯維加斯式賭博網站案」，洪姓男子涉嫌為美國某賭博網站擔任台灣加盟店長，架設中文介面的入口網站，並與該賭博網站議定，依賭客總輸贏金額抽成百分之廿五，每個禮拜結算一次，獲利金額若超過美金一百元，該網站管理者就會寄美金支票至洪嫌所設的郵政信箱，成為我國賭客進入該網站的通道。

在早期，有關網路的論述認為，網路的興起使得「國界」的意義必須重新界定，網路資訊快速流通，早已跨出實體世界的國境邊界，台灣製的CIH病毒造成土耳其電腦傷亡慘重，俄羅斯的裸體報新聞網站台灣網友馬上就知道，「網路無國界」已然成真。

不過，網路賭博案卻暴露出另一層反思，網路，其實是有國界的，尤其是涉及到各國法律所規範的「犯罪」行為時。所謂「犯罪」都是由某個國家的法律加以界定，在甲國是犯罪的行為，在乙國卻可能是合法的，網路上的種種行為一點也不虛擬，點點滴滴都受到當地法律的制約。

八月十一日出刊的《經濟學人》製作兩篇特別報導，探討〈網際網路的新邊界〉，內容提到，中國民眾被鼓勵上網，但是瀏覽海外網站則受到控制，網友發表在網路上有關政治的言論也會受到監視；另外，去年十一月，法國法院要求Yahoo想辦法禁止法國網路使用者在Yahoo網站購買納粹產品，問題

是，Yahoo是一家美國公司，公司地理位置也在美國，法國的司法管轄權不及於美國，但Yahoo仍決定撤銷所有有關納粹的商品，以後網站上也不會陳列相關產品。

另外，《經濟學人》還報導，現在已經有一種軟體GeoPoint，可放在網站的主機端，這個軟體可以偵測連結到該網站的ip位置，判斷網友所處的地理位置（國家），主機端便會輸出合乎該國法律的網頁內容，也就是說，處於不同國家的網友，雖然輸入同樣的網址，卻會看到不同的畫面，這樣做的好處是網站公司不會觸犯當地的法律；此外，音樂或廣播網站也可使用該軟體，讓不同地區的網友「瀏覽」到不同的音樂。

但上述作法是從網站主機端來思考，對使用者而言，網友希望看到的是個人化畫面，而且不論身在何處，都要能登入某個網站後，看到屬於自己的頁面，例如事先設定好的股票代碼、想收看的體育新聞或折扣情報，不能因為自己跑到別的國家旅遊，連結到該網頁時就得看不一樣的畫面。

從類似網路賭博案的例子中，最值得我們思考的是：何以網路無法穿透各國的法律邊界，反而是當地的法律會溢出國境，滲透到外國的網站，要求外國網站遵循另一個國家的法律？就像法國法院要求美國Yahoo禁售納粹商品的例子。無奈的是，種種跡象顯示，法律之前，網路與實體是平等的，網友屬於某國公民，就要接受該國法律規範，不得逾越，縱然該行為在其他國家是合法的。

就像《經濟學人》所說，在網路的世界裡，兩點之間的距離不重要，重要的是「點」在哪裡，亦即：距離漸漸死亡，地理區位(geography)卻仍然活躍。網路的威力縮小了資訊流通的距離，讓資訊超越國界的藩籬快速散佈，但網路上的一言一行仍無法逃脫各國法律的規範。

2001/8/26

一個自立晚報讀者的心情

今年九月初，某家發行電子報的公司收掉四份有料電子報，原因是這四份電子報的訂戶數各約一百多人，入不敷出，線上記者轉任其他電子報繼續服務，可見得目前台灣的環境還不足以支撐這四份刊物的內容（創投、保險、通訊產業、投資）單獨成為一份電子報，但也許可以成為一份綜合刊物裡的「單元」。

在威權時代，自立晚報是少數不畏強權管制，勇敢報導真相的報紙，同時，它也是少數站在本土立場發聲的媒體，不料，自立晚報竟然是在民進黨取得中央執政權後，因為積欠電費被斷電而停刊，而且至今仍不知道應該由那一位資方出面處理。

有些報紙出生得太早，市場上沒有足夠的需求支撐它；有些報紙曾經掌握了時代脈動，是市面上唯一一家提供相關內容的媒體，成為讀者每天必讀的資訊來源。但是時代在變，報禁解除、開放廣電媒體、網路興起、政治民主化、本土化，對閱聽者而言，資訊來源的管道變多了，另一方面，發表「異議」言論再也不需要擔心半夜會有「白頭盔仔」來敲門，在這個處處有媒體、人人都是政治評論家的年代，僅以「反威權」為職志的媒體，發行量的變化或許不大（確實數據我不清楚），但是廣告主在分派預算時就會精打細算了。

例如，在一本記錄總統大選選戰經驗的書籍中，該候選人的文宣大將即指出：「一份報紙廣告只有一天的壽命，但製作一支電視廣告卻可以重複播出好幾週。」「在三家報紙和晚報刊登一天報紙廣告的花費，幾乎等同有線電視廣告播出一週的經費。」換言之，在全國性的選戰中，候選人刊登

廣告是以電子媒體為主，報紙為輔，每隔幾年才改選一次的政治人物尚且如此，天天在商場廝殺的企業界就更不用說了。

此外，同業競爭者，尤其是立場接近的報紙出現後，廣告大餅更難分食了，我們不必太理想化，以為報紙靠讀者的訂閱就能存活，每位讀者一天只能為心愛的報紙創造十元的營收，這十元還要分給通路商和配銷商，因此，報紙最主要的營收來源仍然是廣告，但是廣告預算有限，理性的廣告主當然會先把預算投注在發行量大或是其他類型的媒體上，也就是說，在媒體自由化以及政治民主化的浪潮下，做為商品的報紙也必須在資本主義商業運作的邏輯下求生存，如果未能及時面對，或是已經奮發圖強，但是還來不及等到新資金挹注，只好面臨停刊的命運。

當然，上述「市場決定論」的說法仍不足以完整解讀自立晚報的停刊，也容易落入「以成敗論英雄」的解析，除了從總體面做解釋，個體因素也扮演重要的角色，當我們看到自晚員工提出種種「紀事」時才驚覺，怎麼類似「地雷股」的情節也在自立晚報上演？不過我只是一名讀者，沒有足夠的數據資料加以解讀，但是自晚在民進黨員擔任資方的情況下停刊，確實令人感慨。

或許下列這段員工心聲可資警惕，十月二日的自晚刊載一篇〈寧鳴而死　不默而生　向自立工會致敬〉，文中提到：「有人說，自立與民進黨的關係深遠，我想那是從抵抗國民黨惡勢力的共同面所產生，靈魂早應該思考到，當民進黨轉換角色時，陶醉在自我的膨脹及享受權力的春藥時，自立應有伴君如伴虎的警惕，更應該堅持長期以來所堅持的色彩，但是我們鬆懈了……。」

才創辦兩個月的電子報會停刊，屹立五十四年的老店也停刊了，一份份刊物的消逝令人惋惜，除了藉媒體公共化以

擺脫商業邏輯的宿命外，有沒有另一種新型態媒體的可能性？
一種讓員工（尤其是內容生產者）同時也是「資方」以實踐
「編輯室公約」的「自立」媒體呢？除非我們希望見到每家
報紙都是國營企業，否則，這仍然需要已經擁有人際網絡的
線上工作者出面創業才有實現的可能吧！

　　從比較積極的一面來期待，產業結構仍不斷在轉型，
教育界也陸續栽培出各式各樣的專業人才，不論是採購、業
務、財務、廣告、行銷、發行、印刷、攝影、設計、編譯、
文字工作者等等，這些都是媒體的潛在人才，或許將來會有
那麼一天，台灣的產業環境足以容納更多文化／知識工作者
投入，具體的情況可能是：大型、具綜合性內容的媒體仍會
存續，但是也有愈來愈多小眾的、細緻的、有深度的媒體創
刊，這些媒體的形式可能是電子報，也可能是雜誌、報紙等
等，訴求對象各有不同，他們不需支出龐大的營業費用和成
本，卻能吸引有目標群眾需求的廣告主，並以此維生。

2001/10/7

乳房有幾種？

　　每個人都有鏡子，用來關照自己的外表，社會也有一面鏡子，映照出當代文化與人心。

　　七月中旬，媒體傳出陳文茜疑似罹患乳癌的消息，陳文茜開玩笑地說，她要徵求經紀人，在切除乳房前，以三百萬元為底價，與《花花公子》交涉，拍張紀念照！這是當天的大新聞。

　　而《花花公子》隨即表達高度意願，不過陳文茜還是拒絕拍照，她說，拍寫真封面的計劃，「就像經發會的結論，說了也不一定要執行」，所以最後還是向《花花公子》說「NO」。

　　剛好這一陣子某家網路公司正推出PLAYBOY有料電子報，強調加密技術，可以防止網友隨意轉載轉貼，如果陳文茜果真願意接受拍照，相信對對這份電子報會有更上層樓的宣傳效果。

　　七月二十三日，媒體刊載一則不大不小的新聞，南投草屯鎮上有位檳榔西施，為了招攬客人，暴露上身賣檳榔，被一位路人偷偷拍下「現場實況」轉交媒體，而各媒體在刊登照片或影片時，莫不把胸前那兩點打上馬賽克。這位檳榔西施隨後遭到警方逮捕，由於尚未滿十八歲，警方除依照妨害風化罪把檳榔西施和業者函送法辦外，還必須將她送到台中強制安置兩週。

　　同樣是裸露乳房的話題，輿論詮釋這兩條新聞的態度是有差異的，對於陳文茜的新聞，多半從「自信、智慧、灑脫」的角度加以看待，而檳榔西施案，則是以「大膽、出奇招、敗壞風俗」來解讀。同樣是裸露乳房，觀察角度卻有天壤之

別，這反射出我們的社會在凝視乳房時，其實是帶有階級意涵與價值判斷的。

　　根據陳文茜在《商業週刊》專欄所撰述，《商業週刊》發行人對陳文茜說，如果真不幸得了乳癌，希望能由《商業週刊》買下封面故事，「以妳陳文茜，不需要和那些女人擺在一起！」

　　對陳文茜而言，拍攝裸照只是紀念用，或者像她說的，「到底是資本主義下長大的孩子，首先想到的是，敲詐自我三十八歲起便經常透過媒體或當面邀請我拍封面的《花花公子》雜誌。」就算不拍裸照，也不會影響她現有的收入與財富。

　　在台灣，誰不是在資本主義下長大的呢？那位檳榔西施未滿十八歲就得出來賺錢，辛辛苦苦地在路邊靠賣檳榔為生！現在被捕了，勢必影響其收入，更無奈的是，成人雜誌不見得對她的乳房有興趣，她連靠拍照片賺外快、做「那些女人」的機會都沒有。

　　除了社會的價值判斷，法律對於人的器官也有不同的規範，七月上旬，RCA 廠致乳癌案的女性員工便質疑，勞保對四十五歲以上的婦女便不予給付，是不是認為，「對於四十五歲以上的女人來說，子宮卵巢不算有功能的器官；對於全體女人來說，分泌乳汁的乳房也不算有功能的器官！相較於對於男性生殖器官不分年齡有鉅細靡遺、不同程度傷害的殘障補償規定，明顯是對女性的歧視。」

　　乳房或許有社交的社會功能、也有哺乳的生物功能，不管怎麼說，從法律對於身體器官的不同規範，以及輿論對於裸露新聞的不同詮釋角度來看，都反射出這個社會在凝視乳房時，深藏心底的價值判斷，不同的身份、地位、職業、階級，其所擁有的身體器官被賦予、被評價的標準也不同。

看來，斯斯只有兩種，乳房卻有三種，一種是上層階級的，可以換一台鋼琴；另外兩種，一是未滿十八歲的，會被逮捕，另一是勞動階級的，不宜生病。

原載於《南方電子報》，2001/8/10

裸露與性別

　　最近幾天有幾則新聞都與「裸露與性別」有關，登上全國版面的有社會團體爭取少女人權，吵的火熱的有兩位準立法委員，而在南台灣的地方版，則有某家商的姊妹校日本某學園來訪，男同學僅著短褲表演日本傳統的「雄叫」，引起本地女同學驚聲尖叫。

　　少女人權論述認為：「少女在情色行業中是被宰制的。她們展露的身體並非出於內在自信的身體自主權，而是在父權與資本主義之下，以迎合父權審美價值，取悅男性，爭取男性客人意淫，進而消費產品為目標，此種迎合男性價值的寬衣解帶，是談不上自主權的。」毫無例外地，檳榔西施這個行業再度成為被舉例批判的對象之一。

　　事實上，固然有檳榔西施以裸露為賣點，但更多西施的穿著其實與車展裡的show girl差不多，甚至更保守，但我們從未見到社會團體以車展為批判對象，此外，我們從媒體上也可以看到，時裝秀伸展台上不乏身著透明上衣的模特兒，她們的衣著會比西施多嗎？何以這些行業不曾被列為批判對象？

　　換句話說，我們在批判對象的選取上似乎隱含著某種判準的尺度，這把尺以「商品價格」和「消費者購買力」作為刻度。不妨想想，時裝伸展台上，模特兒穿著設計師所設計的透明薄紗、裸露胸部，以及車展show girl穿著三點式的衣著、露出大腿等裝扮，不也是在「刺激消費」嗎？而消費這些明牌時裝和名車所需的金錢，豈是一盒五十元就有數十顆檳榔可嚼的檳榔業所能比擬，何以檳榔西施這個行業屢屢被列為必須被拯救的行業？莫非收入少的，就沒有身體與經濟

自主權,高收入的模特兒就有?

本文並非否定社會團體長期以來的努力與貢獻,而是想藉這些例子指出我們社會的職業價值觀,透過廣告傳播與文化論述,檳榔業已經被建構為一個「粗俗」的行業,車展和時裝展則被建構為「高貴」的行業,消費者與從業人員因而受到不同的評價:露天吃檳榔是沒水準的,但露天喝咖啡是高尚的;穿的少少賣檳榔的女性應該被拯救,賣時裝或汽車的女性不需要拯救。

另一方面,根據某平面媒體地方版報導,「雄叫」象徵著日本男性魅力,而在冬季演出,更顯示著不怕苦、不怕難的精神;「見到這麼多男生打赤膊表演的猛男秀,令女生佔三分之二的某家商,眾多女生見到帥俊的猛男,不禁驚聲尖叫。」何以男性的裸露成為一種青春活力的展現,不需要批評,而女性的裸露卻是一種商品、是被意淫的對象,因此應該加以抨擊,這當中的差別只在於有無商業行為嗎?這種「以裸露男體取悅女同學,進而促進兩校情誼」的作法,不知道是否符合社會團體所主張的「身體自主權」定義?

這種情況就像就讀大學期間,女生宿舍總是有門禁,晚間十點上鎖,而男生宿舍卻沒有門禁,男同學可以自由進出,據說以性別為區隔的門禁政策是為了保護女同學,殊不知,這麼做反而限制了女性的移動自由,相對的,男性反而活在一個自由自在的世界,得以任意伸展自我的身體。

在台灣,年滿十八歲即取得刑法意義的成年人,任何行業雇用未成年人從事夜間工作即觸法,已經不是尊嚴或道德的問題,而是法律問題,但那些從事檳榔西施的成年人,究竟是在什麼情況下進入這一行,會不會其實具有相對自主性?社會團體有必要不斷將檳榔業列為被舉例批判的對象、卻對其他高檔行業視而不見嗎?以台灣的學制來說,大約十

五、十六歲即可進入高職體系就讀,那些日本姊妹校來的男同學,必須在眾多異國異性面前裸露身體表演,供女同學欣賞並尖叫,我反倒疑惑,這群男學生成年了嗎?誰來聲援他們呢?

資方對勞方的剝削,在任何行業都有可能存在,不管是不是以迎合男性消費者為目標,更重要的是,並非女性就是被剝削者者,男性就是剝削者。前幾天在某電子媒體的節目中,我們見到一個檳榔攤,老闆是女性,同時也是西施,受雇者除了其他西施外,還有一名男性,擔任類似「保鏢」的工作,因為擔心夜間治安不好,所以夜間不敢營業;有位西施說,最大的挫折是來自其他女性的歧視,彷彿做其他工作才算「良家婦女」,西施這一行是「見不得人的」。

社會團體爭取立法保護十六歲至二十歲的工作者是值得肯定的,任何觸法行為都應該被處罰,但如果只因為女性從事某行業就應該被拯救,卻不去分析其中的產業結構與勞動條件;只因為女性勇於發言就應該被稱讚,卻不去分析她的論述內容;對男性的裸露視而不見,女性的裸露則加以指責;這樣做只是不斷以男/女區隔的角度去看事情,無益於揭露事件的本質,甚至還進一步鞏固「女性是弱者,應該被保護;男性是強者,不妨自由表現身體」的刻板印象。

2001/12/13

從「弱智媒體」談起

　　四月份《天下》雜誌的專題是〈弱智媒體，大家一起來誤國？〉，該文所指稱的媒體主要是電子媒體，特別是電視。

　　媒體新聞偏好具有戲劇性、衝突性、八卦性的事件，但是卻不太願意製作深入剖析與討論的節目，以致於看多了電視新聞，會以為台灣快亡國了，社會亂糟糟、生活周遭處處有人殺人放火、談話性節目不斷重複口水戰；但對於國際社會的政經訊息，卻只有簡短的秒數，況且多半還是偏重在國際災難新聞的報導，遑論深刻分析國際政經局勢了。

　　電視的特性就在於即時與影像傳輸，相對於平面媒體，比較缺乏深入分析的能力，容易流於膚淺與表面，閱聽人如果每天只收看電視新聞，對電視提供的訊息照單全收，而沒有其他資訊來源，也不做批判性思考，恐怕自己也會流於膚淺。

　　著有《悠遊小說林》、《誤讀》等書的作家Umberto Eco就稱這種毛病是「過量記憶症候群」，這樣的人擁有包山包海的記憶力，可以記住他一生中看到每顆樹上的每片葉子，但是他與白痴並沒有分別，因為他只是將資訊儲存起來，無法過濾資訊。

　　身處在資料與資訊都能即時傳播的時代，僅僅接收訊息而不去消化反芻，並且把資訊轉化為有用的知識，這樣一來，閱聽人只不過是個「記憶體」，塞滿了各種好壞資訊，而不是具有邏輯運算能力的CPU。

　　與其看電視，不如花一點時間上網吸收其他資訊，就像接受《天下》訪問的台灣惠普科技董事長余振忠所說：「You are what you eat，」你吃什麼決定你長什麼樣，同樣的，你長

期吸收些什麼資訊，也會決定你成為怎樣的人。筆者試著為各位介紹幾個具有「獨立」色彩的非營利媒體網站，除了看電視，不妨撥點時間上網瀏覽一下吧：

※Independent Media Center

　　緣起於一九九年西雅圖世界貿易組織會議的抗議群眾，由一群記者與非營利團體所組成的草根團體，他們透過網路供應各式稿件、圖片、影片等等，希望藉此告訴民眾未被掩蓋的真相。主站網址是：http://www.indymedia.org/，目前在許多國家也發展出獨立網站，有各自的內容，例如以色列的網站是：http://www.indymedia.org.il/，以色列網站特別標榜「You are your own journalist！」翻譯成中文，應當就是智邦生活館的「作自己的媒體、唱自己的歌」吧！而巴勒斯坦的網站則是：http://jerusalem.indymedia.org/

※與媒體對抗

　　對於媒體所報導文不對題、胡亂翻譯的內容，或是有文必錄、沒空查證的報導，閱聽者只有乖乖接受的份嗎？這個網站企圖「為你分析新聞、追蹤外電、解讀政治、經濟、以及軍事消息，破解媒體愚民文章。」其特色在於提供討論區讓網友發表意見、討論媒體報導的內容，網址是：http://www.socialforce.org/

※南方電子報

　　南方的緣起，可追溯到解嚴及九〇年野百合學運後，知識份子反省社會改革的走向，紛紛從政治議題回歸對社區、鄉土的關懷，於九四年匯集成台灣第一次「社區文史工作者夏令營」。

南方電子報透過網路發送，除了當期文章外，也有社運界的訊息傳遞，其宗旨是「讓商業邏輯下失去戰場的理想在網路發聲」，並且以「社運界的中央通訊社」為榮。網址是：http://www.esouth.org/

※南方快報

由前民眾日報記者邱國禎所創辦，他認為，「台灣絕大多數媒體被中國派人士控制，新聞與言論普遍遭到誤導，造成嚴重的統獨失衡現象，親中媚中反台氣勢高漲，不但失去了輿論客觀、多元的意義和環境，更使台灣瀰漫了濃厚的失敗主義氣氛，因此，以一個媒體人的微薄之力，將領自民眾日報的一點點資遣費投入試辦南方快報平面版，希望為台灣立場發聲。」網址是：http://www.southnews.com.tw/

2002/4/3

反盜版、MP3與CD價格

　　台灣影藝產業界於四月四日舉行反盜版大遊行，要求「訂公訴罪，嚴懲不法。專責警力，打擊盜版。網路立法，儘速完成。光碟條例，確實執行。」等四項要求，其中以反盜版的訴求聲勢最大，不過，唱片業的不景氣，僅僅是因為盜版所引起的嗎？

　　不景氣並非唱片業獨有，事實上，全球已經進入「通貨緊縮」的時代，過去擔憂物價飆漲的疑慮已不復存，原物料價格易跌難漲，加上不景氣，民眾逐漸降低消費水平，縱使利率再低，也不肯大肆消費，商品價格更是難以向上調整。

　　不過，流行音樂的唱片價格顯然成了通貨緊縮的異數，一張CD專輯的價格大約是台幣三百多元，除非遇上倒店大拍賣，我們很少聽說價格有所調降的。

　　有些人認為，「CD又不是民生必需品，買不起就不要買啊！」這種觀點聽起來是自由主義式的個人抉擇，但背後隱含著階級區隔意識，就像鑽石、戒指與名牌服飾一樣，由於流行音樂不是民生必需品，沒錢買CD的人請勿購買其他低廉的替代品、贗品。弔詭的是，流行音樂的消費主力卻是在學學生，這群人正好也是經濟的弱勢族群，正版CD想維持在高檔價位、不肯降價，目標群眾又是經濟弱勢者，既然流行音樂不是民生必需品，理性的消費者當然會精打細算。

　　產品價格是由「供給」與「需求」雙方在動態調整過程中所產生的，面對不景氣，唱片工業更好的作法是嘗試降低成本，並且改變上層階級的生活習慣，包括降低宣傳費用、藝人的酬勞等等，據報導，某些公司還替參加遊行的藝人投保意外和傷亡險，保額高達數百萬之譜，聽在曾經參加環保

或勞工運動遊行的群眾耳裡，真是令人瞠目結舌！

除了降低成本，在網際網路的時代，唱片工業應嘗試開發新的宣傳、銷售管道，而不是一昧要求政府對資訊光碟產業進行管制。《Business 2.0》網站曾於四月三日刊登一篇文章：〈給唱片產業一個提議：擁抱MP3吧！〉(A proposal for the Recording Industry: Embrace MP3!)

該文提到，就像飲料業者想販賣兩公升裝的飲料，而消費者其實只想需要十二盎司就夠了，消費者只想聽一首歌，但業者卻想推出專輯，因為推出專輯可以訂比較高的價格，藉以分擔成本。

《Business 2.0》的文章指出，唱片業者忽略了線上單曲的消費潛能，如果能試著放鬆對網路的管制，讓消費者付費下載單曲MP3，並且不要把上網的消費者都當作是罪犯來看待，相信消費者會樂於掏錢。便宜的單曲MP3可開發暫時不想買專輯的消費者，說不定在聽過MP3之後，他們會再去購買實體CD專輯加以珍藏。

況且，目前美國飯店都可以付一筆費用給唱片公司，供飯店在任何時間播放音樂之用，何以ISP業者不能比照辦理，讓ISP付費後，供網友下載音樂？除此之外，透過網路購物，業者將可取得消費者的背景資訊，形成網友資料庫，用心的唱片業者可進行資料採礦的工作，分析每位歌手的消費者類型，或者反過來，探索不同族群的消費者偏好購買哪些類型的音樂，這些都是傳統銷售管道得不到的真實資訊。

著有《通貨緊縮》一書的經濟學家葛瑞‧修林(Gary Shilling)在中文版序文中提到：「即將到來的通貨緊縮日子裡，台灣企業家、投資者和消費者要如何準備，方得求生存與茁壯成功呢？……維持低成本的產品，面對瞬息萬變的新科技有能力快速適應是成功的關鍵，對台灣而言，尤其真實。」

　　換句話說，並不是只有台灣的唱片業在萎縮，世界各國、各行各業都不景氣，盜版只是唱片業營收衰退的原因之一，絕非全然的解釋因素，中國的市場很大，但盜版情況可能比台灣更嚴重，唱片業想繼續成長茁壯，就必須正視新科技所帶來的結構性轉變，而不是排斥與抗拒。遊行過後，是該重新思索版稅、費用、通路、行銷與定價的時候了，當大哥大通話費降價時，不也促成人手一機？當上網寫e-mail比貼郵票方便時，誰還會提筆寫信？

原載於《南方電子報》，2002/4/9

那個行業不辛苦？
—來自教師的自我解構

老師向來被視為是「傳道、授業、解惑」的尊者，社會願意給予老師較高的地位與評價，就連向銀行貸款時，軍公教人員都比較受歡迎。過去，若說社會對老師有什麼負面的評價，多半集中在扮演升學主義的幫兇這方面，例如體罰學生、開設課後補習班等等，偶爾傳出老師倒會的新聞就很了不起了。但現在，老師卻以具體行動解構了自身所擁有的教育使命與光環。

老師們破天荒地聯手走上街頭遊行，一開始社會各界以為是老師們不想繳稅，後來才知道老師們爭的是工會，但為什麼中上階級的老師們也會想組工會呢？從網路上廣為流傳的「香君，站起來，我們遊行去！……一篇令人動容的文章」（註：此文原載於自由時報，標題是「老師奮起，老師今上街頭！」）及其他老師的文章中可以發現，老師們所遭遇的具體困境在於：

首先，行政人員不足，老師必須兼任行政工作（尤其以國小最為普遍），就算不是主管職，也常常要支援行政事務。其次，教育改革與九年一貫壓力沈重，基層老師未能事先參與政策規劃工作。總而言之，就是國中小老師的業務量過於繁重，除了教學之外，比較細部的工作都要由老師來做：包括舉行會議、準備茶水、指揮交通、準備麥克風、寫教學計畫、做教具、午餐指導、採購、監督學生早自修、午休、班會、升旗、政令宣導與宣傳……等等。

老師的工作真的很辛苦，然而，那個行業不辛苦呢？

生產線上的勞工，必須面臨企業家投資轉向的風險，今

日擁有的專業技術，也許明天就不再適用；或者，當老闆決定轉移設廠地點時，這群勞工就必須面臨失業與資遣的命運。服務業與業務員是一門終日「笑臉迎人」的工作，他們可不能體罰不買東西、不下訂單的客戶，如果對自己公司的產品不熟悉、不學習，他要如何推銷產品？而又有什麼產品是數十年來如一日，可以讓業務員躺著不必吸收新知就能拿到訂單的？

更何況，這些行業並沒有永業化的保障，契約終止隨時可能失業，連退休金都不一定領得到，就算工作再努力，也有被解雇的可能，勞工與白領階級爭的是就業機會與改善勞動環境，而老師們卻是要爭取「如期退休」，相較之下，當老師真的比較辛苦嗎？

有些老師抱怨，實施九年一貫課程後，將增加教師研習與授課的負擔。試想，前幾年企管界開始提倡「學習型組織」，主張組織本身必須與時俱進，從事系統化思考，透過各種管道吸收新知，並且回饋給組織，增強適應改變的能力，帶動個人與組織的成長、增進效能，完成想要達成的目標。身為「誨人不倦」的老師配合政府政策，吸收廣博的知識並傳授給學生，又有何不可？

過去從未有人試圖貶低教師的尊嚴，只有人要求軍教皆應繳稅，教師們卻丟出「我們工作得很辛苦」加以回應，事實上，那個行業沒有因為努力工作到生病的「香君」呢？某商業週刊前幾期正好在報導白領階級積勞成疾的現象呢！其實，從老師們開始吐露上述諸多教學與行政工作的辛苦時，社會各界或許也該面對一個事實，那就是老師們沒有那麼偉大，某些老師之所以選擇當老師，不見得是出自於對教育的熱誠，也不是為了自我成長，他們要的只是一份相對於工商界而言穩定的工作，一份只要不犯大錯就不會丟飯碗的工作。

當然，有許多老師知道自己的待遇比其他行業來得優渥、穩定，校園內也有許多非關老師辛苦與否的問題，例如，一位在國中任教的朋友就說，他不願意體罰學生，當他請教其他資深教師可有良方時，資深老師竟回答：「那就沒辦法了！」他還發現，有些老師對資訊設備不願學習、不會操作，帶學生去專科教室上課不是為了用投影片講解，而是因為那間教室有冷氣！不過這部分是題外話了。

　　當全國教師會提出「揮別不再榮耀的權利」，將來教師工會也組成之後，老師們是否願意與勞工朋友們一起過五一勞動節，而不是九二八教師節呢？老師們是否願意接受市場機制，重新協商勞動契約與工資呢？從這麼多位老師站出來遊行，並且高喊自己很辛苦、爭取工會勞動三權的場景來看，或許老師們已經有答案了。

2002/9/30

另類醫療的科學與商機

整合式醫療

最新一期（12月2日）Newsweek的封面故事是〈另類醫療的科學(The Science of Alternative Medicine)〉，封面照片是一位白人女性的眉間處插著三根針灸。

Geoffrey Cowley的報導指出，愈來愈多美國頂尖的醫院和研究機構的內科醫師開始研究草藥、針灸、推拿、太極等等被視為是另類醫療（Complementary and alternative medicine, 簡稱CAM）的研究，但這些研究不是為了開發新療法，而是企圖孕育出新型態的醫療—整合式醫療（integrative medicine），仍然運用嚴格的當代科學但又不受限於此。假如這個夢想成真的話，則所謂的互補（complementary）或另類（alternative）等詞彙就沒什麼意義了，因為我們將擁有一套而不是兩套由科學引導的健康體系。

一九九三年，哈佛醫療學校Eisenberg醫師發表一調查指出，在一九九〇年，有34%的美國成年人接受過至少一種以上的非常態的療法，從九〇年到九七年，使用CAM與討論草藥的美國人增加了25%。

此外，國家另類醫療中心（NCCAN）的預算也從每年兩百萬美元增加到一億美元，目前，包括哥倫比亞大學、加州大學等校都設置整合醫療中心，同時，至少有三分之二以上的醫療學校提供CAM的課程。

而Anne Underwood與Melinda Liu在一篇〈向中國學習〉的報導指出，一位西方醫師或許會說你是個完全健康的人，但是一位中醫師可能會在看過你的舌頭並把脈之後告訴你：

「精氣耗漏」，那是因為失眠的關係，紐約中國城的中醫盧醫師說，「心思統治著精神，睡覺的時候想太多。」那該怎麼辦？盧醫師說，需要針灸、草藥以及改變生活作息。

盧醫師也說，中醫不像打網球，把「疾病」與「藥物」視為敵對的對手，中醫比較像足球賽，主張各種元素的融合與平衡，包括金木水火土、六種病因、七種情緒等等皆要加以調和。

《新新聞周報》第806期引用台灣廣和堂的話說：「中藥重全方位調理，就算大家得的是流行性感冒，依據每個人不同的體質，輔助的藥就不一樣。而功力深厚的師傅，同樣是看一看病人的氣血臉色、聞一聞病人身上的氣味、問一問有什麼症狀，再加以把脈，可能找出更深層的並因。」

這篇〈百年老店廣和堂　陌室飄藥香〉的報導指出，「望、聞、問、切」中最神奇之處是把脈，脈象有「浮沈緊縮」的不同，程度不同會反映出不同的病因。

中醫是好生意

馮久玲在《文化是好生意》一書中指出，四千年來中醫的發展以經驗累積為主，而不是證據，中醫的確定用途是治療和預防慢性及老化疾病，此外，由於草藥的成分複雜，會因各種因素而有不同的療效與變化，草藥的地位和價值低的主要原因是缺乏可信的治療和證據說明，種種因素使得中醫這門古老的醫學反而「落後」西醫。

馮久玲引用Phyto Ceutical公司領導人鄭永齊教授的資料，對中西融合的新醫學抱持著樂觀的態度，若能讓中醫現代化，將可讓中藥與西醫互補。鄭教授認為，中醫應嘗試標準化藥材的製造與配製過程、進行精密的臨床實驗、藥材處方分類應經過檢驗、使用先進科學術語解說中醫原理……等。

台灣賽亞基因公司總經理陳奕雄則認為，世界各國都已體認中草藥的生技發展潛力，研究者已眾，東方人在中草藥方面優勢已日漸式微。「台灣必須要選擇獨特、具有商業價值，且能在短期樹立研究里程碑的項目，國際競爭才會比較小，也才有勝出希望。」

十二月號的《e天下》指出，中草藥全球商機高達230億美元，台灣中藥廠商具有兩大優勢：能從古代的醫書中，尋找一些有前途的開發標的，其次，台灣的濃縮中藥製造技術很成熟。而台灣發展中藥的瓶頸有三：藥材有九成來自中國大陸，品質難以掌握，其次，大多數傳統中藥廠規模小，資金與國際行銷能力不足，再者，國內中藥處方用藥限制仍大。該篇報導指出，台灣未來的兩大機會是與國際性公司合作，或是以單方打入歐美市場。

文學

除了上述種種醫學的或商業的討論，在文學領域，聯合文學出版社今年出版了一本由中醫師女兒李欣倫寫的散文集《藥罐子》，作者結合了生活經驗與中醫詞彙，述說種種生命現象：初潮、KTV唱歌、夾娃娃、顛倒夢想、流鼻血……等，每篇文章前附上《本草綱目》與《藥罐綱目》各一句，是本題材新穎的書。

身為中醫師的女兒，作者會是個很「傳統」的人嗎？她這樣說著：「我穿細肩帶、破牛仔褲。我穿網襪，我穿垮褲。搽紅色指甲油，塗綠色睫毛膏。我聽Hip-hop，我學FUNKY。我鮮少極有禮貌地端坐，我未曾掩嘴微笑。我不高，我長痘子，我會感冒，我不太瘦，我染紅髮。我是醫生的女兒。」

參考資料

Cowley, Geoffrey，" Now, 'Integrative' Care"，Newsweek，December 2, 2002，pp.42-47。

Underwood, Anne and Melinda Liu，" Learning From China"，Newsweek，December 2, 2002，pp.43-50。

李欣倫，《藥罐子》，台北：聯合文學出版社，2002年8月。

馮久玲，〈中西融合新醫學〉，《文化是好生意》，台北：城邦文化，2002年4月10日，頁168-180。

陳靜雲，〈百年老店廣和堂　陋室飄藥香〉，《新新聞周報》第806期，2002年8月15日，頁80-84。

陳奕雄口述，陳柏因整理，〈兩岸基因體研究有落差〉，《今週刊》第300期，2002年9月23日，頁84-85。

劉湘文，〈全球230億美元中草藥商機　哪些台灣廠商喝到「大補湯」？〉，《e天下》第24期，2002年12月，頁96-104。

2002/11/30

到底還有多少窮人？

自從email興起之後，許多人會發揮惻隱之心，轉寄諸如鹹水鐵蛋阿伯、公館綠豆餅阿婆、北投小芬鳳梨……之類的電子郵件，希望大家多多前往消費，幫助這些人度過經濟難關。

這些感人肺腑的故事，有些來自雜誌社的報導，有些則是網友自行拍照撰文，然後透過電子郵件在網友之間流傳。對許多人而言，隨手轉寄這種勸人為善的信件也是功德一件。

不過，去這些攤位消費，就能解決我們社會的貧窮問題嗎？

美國社會學者強森（Allen G. Johnson）在其著作《見樹又見林》中談到「為什麼會有貧窮」這個議題，在美國這樣一個富庶的國家，為什麼還是會有窮人？強森指出，因為資本主義經濟體系的設計，一方面鼓勵人們累積財富，一方面也使得貧窮變得在所難免。這就像「大風吹」遊戲，遊戲所設計的位子就是比參與者少，當音樂停止，就是一定會有人搶不到位子。

強森表示，在資本主義體系中，大多數人手中並沒有吃飯的傢伙，也難以控制生產工具，只能受雇於他人，靠著為他人賣命來維生。強森說，許多人以為，要變成有錢人的方法是努力工作、勤奮讀書、愈挫愈勇，這些方式並沒有錯，但是這種答案忽略了，社會生活是同時由體系的性質（資本主義）以及人們參與的方式（勤奮或懶散）來進行的。

也就是說，如果政府政策或是雜誌報導僅將焦點集中在解決個體的問題上，卻不去檢討總體社會的資源分配方式，並且付諸行動加以改變，則每一個個人再怎麼努力，也不一

定會變成有錢人，也一定會有人淪為貧窮的人；而由於改革體系的工程實在太龐大、太困難，所以政府與公民、雜誌與讀者仍然傾向採用個案的方式來思考問題、解決問題，「如果你加油跑快一點，你就會打敗別人超前，換別人來窮，而不是你窮。」卻不去思考，為什麼這個社會一定會有窮人產生？是因為他們不夠努力嗎？

弔詭的是，雜誌社本身也是資本主義體制下的行為者，雜誌也是商品，是要放在市場人供人消費的，在內容上就必須聚焦在個體上面，這樣才有故事性可言，週刊並不是學術論文，很難完整討論從制度到結構層次的分析，唯有凸顯戲劇性的故事，才能吸引讀者掏錢購買雜誌。如此一來，也難怪《南方電子報》上有篇〈小如的鳳梨〉指出：「長期鼓吹市場價值，關注政府的產業政策，完全服膺資本主義邏輯的媒體，現在卻忽然看見台灣的窮人，為什麼你們之前就看不見？你們可以為政府花大筆經費投入產業，而鼓掌叫好，為什麼卻不對政府吝於解決窮人問題，而多加批判？」因為，雜誌本身也是資本主義體系下的一份子。

於是，可以預期的是，在未來，我們仍然會看到一篇篇北港蔥油餅阿婆、台東釋迦伯、台南肉粽伯、彰化甘蔗妹……之類的電子郵件，我們會以為趁觀光的時候去消費一下就能改善社會的貧窮問題、並且幫助阿伯阿婆改善經濟，而自己也會在做善事的心理下獲得滿足感。就如同「大頭」在他的文章中所寫的：「台灣窮人只是一個可以用來再消費的符碼罷了！」

如果真要解決貧窮問題，除了個人的努力，還要從改革資本主義體制著手，在此之前，則要賦予政府制度設計的權力，例如推動國民年金、全民健保等社會福利政策，而不是批評政府亂開支票。誠如強森所說，社會問題並非由人們的

苦痛所累積起來的，因此無法由一個又一個個案的方式加以
解決；「要挑戰資本主義體系並不容易，但是如果我們不這
麼做，貧窮仍會繼續，各種衝突與苦難，也將不會歇止。」

延伸閱讀

大頭，〈小如的鳳梨〉，《南方電子報》，2003年5月27日。
http://www.esouth.org/sccid/south/south20030527.htm

原載於《南方電子報》，2003/6/17

從一件性侵害案談起

應徵家教　慘遭不幸

今天（8月19日）在自由時報社會新聞版閱讀到一則新聞：〈姦殺犯陳錫卿　四度暫逃死刑〉，民國83年12月，「才假釋出獄五天的陳錫卿，竟夥同昔日獄友呂金鎧，以徵家教為名，誘出中興大學范姓女學生後予以性侵害再將她勒斃……。」

根據報導，陳呂兩人一審均遭判死刑，經歷上訴、最高法院發回四次，台灣高等法院今年更四審宣判，判決陳錫卿死刑，呂金鎧無期徒刑，經兩人上訴後，最高法院發現，「高院判決有審判長未在判決筆錄上簽名等違誤，遂將前審判決撤銷，第五度發回更審，陳錫卿暫時死裡逃生。」

這則新聞勾起了我的回憶，我看完新聞的第一個念頭是：「這個案子還在審理啊？！」算一算日期，案發至今已經快滿九年了。那是一個灰冷的冬季，期末考將屆，校園裡卻傳來有位大四學姐應徵家教慘遭姦殺身亡的消息，讓學校的天空更顯得陰霾，後來檢察官與警方迅速破案，嫌犯竟是剛獲得假釋的強姦累犯，假借徵家教老師的名義，行性侵害之實。

假釋門檻是否太寬鬆？

在姦殺案發生之前，法務部為了解決監獄人滿為患的問題，有意降低假釋的門檻，讓受刑人服刑達三分之一（原本是二分之一）且表現良好者得假釋，並且將與假釋規定有關的刑法第77條修正案送至立法院審議。

　　發生這件姦殺案件後，看到法務部有意放寬假釋門檻，中興大學法商學院的學生對此非常不滿，受害學姐就讀的科系聯繫受害人家屬，加上校內熱心公共事務的社團與同學，我們一行約八十人於立法院會期的最後一天（民國83年1月18日）前往立法院陳情抗議，並由立委潘維剛協助召開記者會。

　　當時我們提出「強姦累犯不得假釋、強制治療病態罪犯」等訴求，並且反對法務部放寬假釋門檻，學生代表與家屬在潘維剛的陪同下召開記者會，其他同學則在委員助理的協助下進入議場旁聽席，一方面看著議場裡委員的開會情況，一方面等候記者會結束。

　　記者會結束，學生代表前來會合，我們從議場走出來時，原本想在議場前的廣場集結呼口號，但是遭到警察制止，原來，陳情團體只能在立法院正門前的廣場（中山南路）集結呼口號，我們本來想賴著不走，但旁邊有位拿著照相機的攝影記者說：「對啦！這裡不能抗議啦，要到前面的廣場啦！」於是我們一行人就在正門席地而坐，把白布條攤平放在地上，上面用黑色墨水寫著：

　　「惡魔出獄婦女遭殃」、「強姦累犯不得假釋」、「強制治療病態罪犯」、「還給女倖免於恐懼的自由」等訴求，攝影記者們則在旁拍照。

　　除了白布條，我們也在廣場前吶喊：「馬英九，出來！」「馬英九，出來！」當時法務部部長是馬英九，我們希望馬部長出來與學生對話，讓他知道我們的訴求；不過，行政院官員並不需要參加當天的立法院會議，因此馬部長並沒有在現場。

　　而來到廣場前與我們致意的委員有姚嘉文與徐中雄，他們表達對我們陳情內容的支持。至於先前記者會的情況，根

據與會代表的報告,當記者會快要開始進行時,某位與潘維剛同黨的男性委員路過會場,看到很多攝影鏡頭,於是也跑進來坐在前方,不知道的人可能會以為該委員很關心這件事,其實他只是路過會場搶鏡頭而已;隔天,幾乎每家報紙都刊登了我們在立法院陳情的照片,而記者會部分的照片則有主辦單位潘維剛的鏡頭,沒有那位男性委員。

付諸行動 表達意見

翻開當年的日記本,我寫了一段簡單素樸的文字:「今天的活動,給我的感覺是,自己的權益要靠自己保護和爭取,發出聲音來,讓別人知道我們的感受,向執事者施加壓力,才有獲得善意回應的可能。」

當年發生了強姦累犯假釋出獄後再度犯案的事件,雖然我們到立院陳情抗議,但刑法第七十七條修正案仍然獲得通過,假釋門檻從服刑二分之一放寬至三分之一。後來,有關假釋門檻的問題,在白曉燕案、楊姓受刑人考上台大社會系等事件中,「台灣的假釋門檻是否太寬鬆?」這個疑問繼續受到各界的關注與討論。

當然,執行刑期的長短只是考量該名受刑人能否假釋的條件之一,法務部仍然需要從受刑人犯罪情形、在監執行狀況、出監後生涯規劃、再犯可能性及社會觀感等情況做更充分的考量。

這個案件事發至今快要滿九年了,嫌犯依舊未伏法,據報載,由於判決依據是陳呂兩人「現場表演作案過程」筆錄及自白,有違證據法則,加上審判長未在判決筆錄簽字,因而遭最高法院撤銷判決,發回更審;需以先進科技進行DNA比對後才會再做判決,可見得「證據法則」在偵察過程與司法審判中的重要性。

　　看到這則新聞，勾起了當年的回憶，我依然相信，若真心支持（或反對）某項政府決策，在必要的時候就要以群體的方式站出來，向政府及社會各界表達我們的意見，要求政治人物修改政策；縱然結果不符合我們的要求，但至少我們曾經付諸行動、嘗試過了，而不是只坐在電腦前抱怨「政府官員在想什麼啊？」到了要上街頭時又以「工作很忙、快考試了」為由在家休息。

2003/8/20

國家圖書館出版品預行編目

怡然自得 / 林東璟著. -- 一版.
臺北市：秀威資訊科技, 2004 [民 93]
面 ；　　公分. -- 參考書目：面
ISBN 978-986-7614-31-5（平裝）

1. 論叢與雜著

078　　　　　　　　　　　　93011309

 語言文學類　PG0017

怡然自得

作　　者 / 林東璟
發 行 人 / 宋政坤
執行編輯 / 李坤城
圖文排版 / 張慧雯
封面設計 / 莊芯媚
數位轉譯 / 徐真玉　沈裕閔
圖書銷售 / 林怡君
網路服務 / 徐國晉
出版印製 / 秀威資訊科技股份有限公司
　　　　　台北市內湖區瑞光路 583 巷 25 號 1 樓
　　　　　電話：02-2657-9211　　　傳真：02-2657-9106
　　　　　E-mail：service@showwe.com.tw
經 銷 商 / 紅螞蟻圖書有限公司
　　　　　台北市內湖區舊宗路二段 121 巷 28、32 號 4 樓
　　　　　電話：02-2795-3656　　　傳真：02-2795-4100
　　　　　http://www.e-redant.com

2006 年 7 月 BOD 再刷
定價：220 元

讀 者 回 函 卡

感謝您購買本書，為提升服務品質，煩請填寫以下問卷，收到您的寶貴意見後，我們會仔細收藏記錄並回贈紀念品，謝謝！

1. 您購買的書名：_____

2. 您從何得知本書的消息？

　　□網路書店　□部落格　□資料庫搜尋　□書訊　□電子報　□書店

　　□平面媒體　□ 朋友推薦　□網站推薦　□其他_____

3. 您對本書的評價：(請填代號　1.非常滿意 2.滿意 3.尚可 4.再改進)

　　封面設計____　版面編排____　內容____　文/譯筆____　價格____

4. 讀完書後您覺得：

　　□很有收獲　□有收獲　□收獲不多　□沒收獲

5. 您會推薦本書給朋友嗎？

　　□會　□不會，為什麼？_____

6. 其他寶貴的意見：_____

_____

_____

_____

讀者基本資料

姓名：_____　年齡：_____　性別：□女 □男

聯絡電話：_____　E-mail：_____

地址：_____

學歷：□高中(含)以下　□高中　□專科學校　□大學

　　　□研究所(含)以上 □其他_____

職業：□製造業 □金融業 □資訊業 □軍警 □傳播業 □自由業

　　　□服務業 □公務員 □教職　□學生 □其他_____

To：114

台北市內湖區瑞光路 583 巷 25 號 1 樓

秀威資訊科技股份有限公司　　收

寄件人姓名：

寄件人地址：□□□

(請沿線對摺寄回,謝謝!)

秀威與 BOD

BOD（Books On Demand）是數位出版的大趨勢,秀威資訊率先運用 POD 數位印刷設備來生產書籍,並提供作者全程數位出版服務,致使書籍產銷零庫存,知識傳承不絕版,目前已開闢以下書系：

一、BOD 學術著作—專業論述的閱讀延伸
二、BOD 個人著作—分享生命的心路歷程
三、BOD 旅遊著作—個人深度旅遊文學創作
四、BOD 大陸學者—大陸專業學者學術出版
五、POD 獨家經銷—數位產製的代發行書籍

BOD 秀威網路書店：www.showwe.com.tw
政府出版品網路書店：www.govbooks.com.tw

永不絕版的故事・自己寫・永不休止的音符・自己唱